Jiva Tové Ik heb niet wat ze zeiden dat ik had

Jiva Tové

Published by Jiva Tové, 2024.

While every precaution has been taken in the preparation of this book, the publisher assumes no responsibility for errors or omissions, or for damages resulting from the use of the information contained herein.

JIVA TOVÉ IK HEB NIET WAT ZE ZEIDEN DAT IK HAD

First edition. October 1, 2024.

Copyright © 2024 Jiva Tové.

ISBN: 979-8227146762

Written by Jiva Tové.

Laat Julian's verhaal een les zijn voor ons allemaal, een les in liefde, vertrouwen en de noodzaak om altijd alert te blijven. Want soms is de werkelijkheid vreemder en tragischer dan we ooit voor mogelijk hadden gehouden

<u>**VOORWOORD**</u>

**Dit boek is gebaseerd op een waargebeurd verhaal.
De namen van de schrijver, de personen, plaatsen en instellingen zijn veranderd om de privacy van de hoofdpersoon en betrokkenen te beschermen.**

##1##

Julian staarde naar het nummer op zijn telefoonscherm, aarzelend of hij daadwerkelijk moest bellen. Zijn vader had hem al jaren geleden verlaten en de gedachte aan contact met hem bracht een golf van emoties teweeg.

Wat wist hij immers nog van zijn vader die voor hem ondertussen een beetje als een vreemde voelde?

Toch drukte de 14 jarige Julian uiteindelijk op de belknop en luisterde gespannen terwijl de telefoon overging aan de andere kant.

Na een paar seconden hoorde hij een stem die zei: "Met wie spreek ik?"

"Pap met Julian," antwoordde hij zachtjes, zijn hart bonzend in zijn borstkas.

Er volgde een stilte aan de andere kant van de lijn, voordat zijn vader eindelijk reageerde. Zijn stem klonk verrast maar ook terughoudend toen hij zei: "Julian? Ben je het echt?"

Waarop Julian reageert "Ja pap, ik ben het echt"

Met hoorbare emotie in zijn stem zegt zijn vader: "Ik vind het fijn dat je belt; Hoe gaat het met je knul?".

Julian slikte even en vertelde zijn vader hoe het hem verging en dat hij snel eens met hem wilde afspreken om duidelijkheid op al zijn vragen te krijgen.........

##2##

Ik ben negen jaar oud en woon samen met mijn moeder. Mijn vader woont niet bij ons.

Mijn moeder zegt altijd dat hij ons heeft verlaten en dat hij niets om mij geeft.

Ik geloofde haar, want waarom zou ze liegen? Mijn leven is een beetje anders dan dat van mijn leeftijdsgenoten.

Volgens de artsen en mijn moeder ben ik autistisch.

Ze zeggen dat ik AUTISME, PDD-NOS, ADHD, ADD en ODD heb.

Mijn verstandelijke vermogen is dat van een zesjarige en ik heb een gedragsstoornis, maar zo voel ik me niet.....

De zon had nog maar net haar eerste stralen door de gordijnen gestuurd toen Julian de stem van zijn moeder hoorde. "Julian! Opstaan! We gaan straks weg." Haar stem was hard, maar hij was eraan gewend. Zijn dagen begonnen vaak met een abrupt bevel, zonder de zachtheid van een ochtendknuffel. Julian stapte uit bed, zijn lichaam nog zwaar van de slaapmedicatie die hij elke avond moest slikken. Hij voelde zich traag en verward, maar hij wist wat hij moest doen. "Ja, mama," riep hij terug, zijn stem zachtjes trillerig van de medicijnen.

De ochtendroutine was altijd hetzelfde: ontbijten, medicijnen slikken, naar de badkamer om zijn tanden te poetsen. Vandaag was geen uitzondering. Nadat hij zijn medicijnen had ingenomen, voelde hij de bekende mist in zijn hoofd opkomen. Hij wist dat hij anders was, maar niet om de redenen die hem werden verteld. Hij voelde zich niet autistisch of verstandelijk gehandicapt; hij voelde zich gewoon... Julian.

Zijn moeder keek hem aan terwijl hij zijn cornflakes at. "Julian, luister goed. We gaan straks weg en je mag vriendjes maken. Ik haal je straks weer op, oké?" De toon van haar stem liet niets aan de verbeelding over. Nee zeggen was geen optie.

Julian zat op het pleintje, omringd door andere kinderen die ook door hun ouders waren achtergelaten.

Zijn ogen zochten naar een gezicht dat hem begreep, iemand die niet meteen zijn medische dossier in gedachten had bij het zien van zijn gezicht.

Hij ontmoette de blik van een ander jongetje, misschien een jaar ouder. Ze glimlachten naar elkaar en begonnen te spelen. De dag vloog voorbij en al snel kwam zijn moeder terug, zoals beloofd. "Kom Julian, we gaan nu eten." Het zou weer een van die maaltijden worden waarbij stilte de enige comfortabele optie was.

Na het avondeten was het bedtijd. Julian poetste zijn tanden terwijl zijn moeder ongeduldig op hem wachtte. "Ben je al klaar?" vroeg ze scherp. Julian knikte en liep naar zijn bed, maar zijn hoofd zat vol gedachten, te vol om te slapen.

Hij pakte zijn Playmobil en begon zachtjes te spelen, op zoek naar een uitweg uit zijn gedachten. Het duurde niet lang, voordat zijn moeder hem hoorde.

De boosheid in haar stem was als een mes door de nacht. "Stoppen met spelen, niet janken, maar slapen, Julian!" De tranen kwamen vanzelf, maar hij maakte geen geluid. Hij wilde haar niet nog bozer maken.

3

Ik sta op en zie meteen Pluis, mijn trouwe knuffel. Na de dagelijkse ochtendroutine was het weer een dag om te spelen met de andere kinderen in het gebouw. Ik hoor hun opgewonden stemmen al in de gang. Het is een routine die vertrouwd voelt, bijna troostend.

We spelen tikkertje, bouwen kastelen van LEGO en verliezen ons in de fantasiewerelden die we samen creëren. De uren vliegen voorbij en, zoals gewoonlijk, verwacht ik dat mama me aan het eind van de dag komt ophalen.

De eerste dag dat ze niet komt, denk ik dat ze gewoon wat later is. Misschien was er verkeer, of misschien moest ze iets belangrijks afhandelen.

De begeleider van het gebouw komt me halen en brengt me naar een kamer.

"Hier mag je vanavond slapen Julian" zei hij terwijl hij de deur voor me open deed.

"Waarom moet ik hier slapen?" vraagt Julian aan de begeleider. "Je moeder heeft het druk met dingen regelen, maar ze heeft net nog wel snel wat kleren voor je afgegeven" zei hij terwijl hij de deur achter zich dicht deed.

Maar naarmate de dagen verstrijken en ik elke avond met lege handen en een vol hart naar bed ga, dringt de realiteit langzaam tot me door. Ze komt niet meer.

Elke ochtend word ik wakker in hetzelfde bed, met dezelfde kinderen om me heen. Wat ooit een tijdelijke speelplek leek, wordt nu een permanente woonplek.

Elke dag zonder mama voel ik het gemis sterker. Ik voel me verloren; mijn hart schreeuwt naar antwoorden die niemand kan geven.

Waarom heeft ze me hier gelaten? Heb ik iets verkeerd gedaan? Ik weet het niet en die onzekerheid vreet aan me.

Gelukkig heb ik Pluis nog, mijn knuffel, mijn enige bron van troost en bescherming. Pluis begrijpt me, ook al kan hij niet praten. 's Nachts fluister ik mijn angsten en verdriet in zijn oor en in stilte voel ik me iets minder alleen. Maar zelfs Pluis kan me niet helemaal geruststellen. De nachten zijn het zwaarst; ik lig wakker, mijn gedachten racen door mijn hoofd. Is er iets met mama gebeurd? Waarom kom ik niet thuis?

Na verloop van tijd ontdek ik de waarheid. Mama heeft me in een instelling voor verstandelijk gehandicapten geplaatst. Dit is mijn nieuwe thuis, een plek waar ik moet blijven wonen. Af en toe mag ik een weekend naar huis, maar de meeste tijd zal ik hier doorbrengen; omringd door vreemden. Het is moeilijk dit te accepteren, de woorden klinken hard en koud.

Dit is niet wat ik wil, niet wat ik begrijp of kan bevatten. Elke dag wordt een nieuwe uitdaging, een gevecht om te begrijpen waarom mijn wereld op zijn kop is gezet.

Het is een zwaar en pijnlijk proces, doordrenkt van verdriet en eenzaamheid. Ik mis mama.

De instelling biedt me een dak boven mijn hoofd, maar is geen vervanging voor de liefde van een ouder.

De dagen werden weken en de weken werden maanden. Langzaam leerde ik om te gaan met de nieuwe realiteit, al bleef de pijn van het verlies knagen. In het gebouw vond ik een soort van ritme, een manier om door te gaan ondanks alles. En hoewel de angst soms nog de overhand nam, bracht Pluis me steeds weer een beetje rust.

Het was een harde les in veerkracht; een onverteerbare waarheid die me uiteindelijk sterker maakte, maar ook steeds een beetje ongevoeliger.

4

De stormachtige herfstwind blies door de straten, terwijl Julian uit de auto stapte, zijn kraag omhoog trok en zijn pas versnelde richting het huis van zijn moeder.

Elke keer als hij een weekend thuis was van de instelling, voelde het alsof hij door een dikke sluier van geheimen liep. De vragen die hij al had sinds de eerste dag dat hij de instelling betrad, leken enkel groter te worden in plaats van duidelijker. Waarom moest hij daar blijven? Waarom mocht hij niet gewoon thuis wonen? Was hij echt zo'n moeilijk kind als zijn moeder hem deed geloven?

Julian was een slimme jongen, te slim om zich te laten vangen door de vage antwoorden van zijn moeder. Toch wist hij dat hij, als kind, de volledige omvang van de situatie niet kon begrijpen. Maar zijn intuïtie vertelde hem dat er iets fundamenteel mis was.

Julian stapte het huis binnen, deed zijn jas en schoenen uit en zette zijn tas in de gang neer.

"Hoe was je week, lieverd?" vroeg ze, terwijl ze hem wat te drinken aanbood. "Goed," antwoordde Julian, terwijl hij zich op de bank liet zakken. "Maar mam, ik wil je iets vragen. Waarom moet ik in de instelling blijven? Waarom mag ik niet gewoon thuis wonen?"

Zijn moeder zuchtte en ging naast hem zitten. "Julian, dat heb ik je al zo vaak uitgelegd. Je hebt speciale zorg nodig; zorg die ik je thuis niet kan geven." Maar Julian wist dat dit niet het hele verhaal was. Hij had gehoord hoe de zorgprofessionals met zijn moeder spraken, hoe ze hun zorgen uitten over zijn zogenaamd onhandelbare gedrag en zijn verstandelijke vermogen dat volgens hen niet verder reikte dan dat van een zesjarige. Hij wist dat zijn moeder hun verhalen voedde met haar eigen versie van de werkelijkheid, een werkelijkheid waarin hij altijd het probleem was.

De waarheid was dat zijn moeder een meesteres was in manipulatie. Ze wist precies welke woorden ze moest gebruiken om de zorgprofessionals voor haar karretje te spannen. Ze vertelde gedetailleerde verhalen over zijn zogenaamde woede-uitbarstingen, zijn onvermogen om eenvoudige taken uit te voeren, verhalen die zij geloofwaardig wist te maken met haar overtuigende toon en emotionele uitbarstingen.

8

Julian herinnerde zich de keren dat hij thuis was, hoe zijn moeder hem voortdurend in de gaten hield en kleine incidenten uitvergrootte tot bewijs van zijn zogenaamde onvermogen. Een glas dat per ongeluk brak werd een bewijs van zijn onhandigheid. Een kleine ruzie met een buurkind werd een teken van zijn agressie. Maar Julian was niet dom.

Hij zag de patronen, hij voelde de onrechtvaardigheid en de verstikkende controle die zijn moeder over zijn leven uitoefende. Elke keer als hij probeerde te ontsnappen aan haar greep, leek ze nieuwe manieren te vinden om hem terug te trekken, hem weer afhankelijk te maken van haar zorg en zogenaamde liefde.

Terugkijkend op dat weekend, begreep Julian dat de vragen die hij stelde, de twijfels die hij had, meer dan gerechtvaardigd waren. Maar als kind, hoe kon hij de volledige omvang van de situatie doorgronden? Hoe kon hij de diepe manipulatietechnieken van zijn moeder doorzien?

Het enige wat hij op dat moment kon doen was overleven, stukje bij beetje de puzzelstukjes van zijn eigen leven bij elkaar rapen en proberen een uitweg te vinden uit de onzichtbare kluisters die zijn moeder om hem had gesmeed.

Het was een lange weg naar bevrijding, maar Julian was vastbesloten om de waarheid te achterhalen en zijn eigen leven terug te winnen. Hij wist alleen nog niet hoe.

De dagen in de instelling voelden vaak als een eeuwigheid; elke dag leek een kopie van de vorige en zelden gebeurde er iets wat zijn routine doorbrak.

##5##

Ik was elf jaar oud en wist niet beter dan dat deze plek mijn thuis was. Maar op een dag veranderde alles.

Ik voelde een mengeling van nervositeit en opwinding toen mijn moeder me bij de instelling kwam ophalen. De zon scheen fel, wat paste bij het onverwachte, bijna onwerkelijke nieuws dat ik te horen kreeg. Naast mijn moeder stond een man die ik nog nooit eerder had gezien.

"Hoi Julian," zei hij vriendelijk en stelde zich voor als Roy "Vanaf nu ga je bij mama en mij wonen in Groningen."

Groningen? Waar was dat? Het klonk voor mij als een exotisch oord, misschien zelfs in het buitenland.

Mijn hart maakte een sprongetje. "Hè, wat?" vroeg ik hoopvol. "Mag ik weer thuis wonen?" Hoewel ik de man niet kende, zorgde het nieuws dat ik weer thuis kon wonen voor een golf van blijdschap. Mijn spullen werden ingepakt.

Ik stapte opgewonden in de auto, mijn nieuwe leven tegemoet en terwijl we wegreden, keek ik nog één keer achterom naar de instelling die twee lange jaren mijn thuis was geweest.

De autorit leek uren te duren. De horizon veranderde, steden en dorpen schoten aan ons voorbij en langzaam maar zeker verdween alles wat ik kende in de achteruitkijkspiegel.

Groningen, leerde ik, was helemaal niet in het buitenland, maar gewoon aan de andere kant van het land. Toch voelde het voor mij als een compleet nieuwe wereld.

De onbekende man, die ik later leerde kennen als mijn stiefvader, probeerde het gesprek gaande te houden, maar mijn gedachten dwaalden voortdurend af naar wat er zou komen.

Hoe zou mijn nieuwe huis eruitzien? Wat voor leven wachtte me daar? En zouden de kinderen op mijn nieuwe school vriendelijk zijn? De eerste paar dagen in mijn nieuwe huis waren een mengeling van verwondering en verwarring. Het huis zelf was prachtig, met een grote tuin waar ik eindeloos in kon spelen.

Maar al snel bleek dat niet alles zo rooskleurig was. De rust van de eerste dagen werd al snel verdrongen door de realiteit van het schoolleven. Mijn nieuwe school was groot en ik voelde me meteen verloren in de gangen die leken te kronkelen als een doolhof. Mijn klasgenoten keken me nieuwsgierig, soms zelfs wantrouwig aan. Er was geen warm welkom, geen uitgestoken hand. In plaats daarvan voelde ik een afstand, een onzichtbare muur die tussen mij en hen in stond.

De problemen begonnen al snel. Ik voelde me niet thuis en het leek alsof niemand in mij geïnteresseerd was. De eenzaamheid vrat aan me en ik begon me af te sluiten. Maar dat was niet genoeg. Om mezelf te beschermen begon ik van me af te bijten. Soms letterlijk. Mijn agressie werd mijn schild en al snel moest mijn moeder keer op keer naar de school komen om mijn gedrag te bespreken.

Mijn stiefvader deed ook zijn best om te helpen, maar ik kon me moeilijk aan hem binden. Hij was een vreemdeling in mijn nieuwe, verwarrende wereld. En hoewel hij vriendelijk was, voelde ik een barrière die ik niet kon doorbreken.

##6##

De eerste weken in Groningen waren allesbehalve makkelijk. De vreugde die ik voelde toen ik hoorde dat ik weer bij mijn moeder kon wonen, werd al snel overschaduwd door de nieuwe uitdagingen die op mijn pad kwamen.

Elke dag bracht nieuwe moeilijkheden, maar ook nieuwe kansen om te groeien. Mijn reis was nog maar net begonnen en hoewel de weg vol obstakels was, wist ik dat ik niet alleen was. Ik had mijn moeder, en zelfs mijn stiefvader, aan mijn zijde. En dat gaf me hoop voor de toekomst.

Er was een tijd dat mijn moeder, Natas, een onmiskenbare charme uitstraalde. Ze wist mensen om haar vinger te winden met haar betoverende glimlach en warme woorden. Maar zoals met zoveel illusies, valt op een gegeven moment het doek.

Voor Roy, de man die aanvankelijk viel voor haar schijnbare perfectie, brak dat moment aan in een periode vol groeiende conflicten. Het was een tijd waarin de waarheid steeds moeilijker te negeren viel en de sfeer in huis steeds grimmiger werd. Roy vond steeds meer scheuren in het perfecte plaatje dat mijn moeder, Natas, had geschilderd.

In het begin had zij hem weten te overtuigen van haar liefheid en zorgzaamheid, maar naarmate de tijd verstreek, kwamen de echte kleuren naar voren. Natas' dominantie nam grootse vormen aan en niet alleen Roy, maar ook ik voelde de impact hiervan.

De dagelijkse realiteit werd zwaar en vermoeiend. Mijn moeders scheldwoorden waren niet meer zeldzaam; het werd een constante in ons leven. Ze sneed door ons heen als messen en voor mij was de enige manier om ermee om te gaan, mezelf af te sluiten. Ik werd ongevoeliger, bouwde muren om mijn hart en probeerde een schild te creëren dat haar tirades kon afweren.

Met de groeiende spanning tussen Roy en mijn moeder werd ons huis een slagveld. De muren, eens gevuld met gelach en gesprekken, weerkaatsten nu gefluisterde beledigingen en harde woorden.

Roys frustratie bereikte een kookpunt en ik, de stille toeschouwer in deze oorlog, werd onvermijdelijk meegesleurd in de storm.

Een van de meest duidelijke momenten van deze verstoorde vrede kwam op een dag dat mijn moeder aan het werk was. Haar afwezigheid liet een leegte achter; een gemis dat ik op de een of andere manier niet kon plaatsen. Het verdriet overweldigde me en ik begon te huilen. Roy, overspoeld door zijn eigen onmacht en irritatie, zei me streng dat ik moest stoppen met janken. Zijn ongeduld was de druppel voor mij.

In een opwelling van boosheid en verdriet rende ik zonder jas en op blote voeten de deur uit. De koude lucht beet in mijn huid, maar het verdriet dreef me voort. Ik wilde weg van de pijn, weg van de woorden die me keer op keer verwondden.

Een paar straten verder voelde ik een moment van vrijheid; Dat was van korte duur. Roy had me gevolgd. Hij vond me snel en zonder een woord te zeggen, pakte hij me stevig bij mijn arm. Zijn greep was hard, zijn blik vol frustratie. "Kom mee naar huis!" commandeerde hij en ik voelde de hopeloosheid in zijn stem. Terwijl hij begon te fietsen, moest ik rennen om bij te blijven, nog steeds gevangen in zijn greep. Elke stap weg van die straten voelde als een terugkeer naar mijn gevangenis.

Deze specifieke gebeurtenis markeerde niet alleen een dieptepunt in de relatie tussen Roy en mijn moeder, maar ook in mijn eigen emotionele welzijn. Het was een tijd waarin de maskers vielen en de harde realiteit zich onverbiddelijk aan ons opdrong.

Het huis, ooit een thuis, was verworden tot een plek van constante spanning en angst. Voor mij, een kind gevangen tussen de conflicten van volwassenen.

##7##

Het begon allemaal zo hoopvol. Mijn moeder, Natas, gaf een indruk van liefde en zorgzaamheid. Roy leek de perfecte partner voor haar, en ik, Julian, kon eindelijk dromen van een stabiel gezin vol warmte en begrip. Iets waar ik al zolang naar verlang.

Al snel werd duidelijk dat deze nieuwe start niets meer dan een illusie was. Natas begon met subtiele opmerkingen die aanvankelijk onschuldig leken. Kleine correcties hier en daar, een gefronste wenkbrauw bij de minste fout.

Naarmate de maanden verstreken, veranderden de correcties in eisen en de gefronste wenkbrauwen in snijdende opmerkingen. Alles wat Roy en ik deden, was plotseling fout. De kleinste vergissing was aanleiding voor een tirade van kritiek en minachting. Roy probeerde zijn best te doen, in de hoop dat Natas' gedrag slechts een fase was. Maar hoe harder hij probeerde, des te meer Natas leek te genieten van haar macht.

Ze commandeerde ons alsof we haar onderdanen waren, altijd klaar om onze zelfwaarde aan stukken te scheuren met haar messcherpe tong. "Je bent waardeloos, net als Julian" zei ze vaak tegen Roy en dat ook regelmatig in mijn bijzijn. "Kunnen jullie nou echt niets goed doen!" verzuchte ze dan.

Op school begon ik steeds meer moeite te krijgen. De stress en angst die ik thuis voelde namen bezit van me. Ik kon niet praten over wat er thuis gebeurde; schaamte en loyaliteit aan mijn moeder hielden me stil. Na een incident met een andere leerling, waar ik uit pure frustratie door het lint ging, werd ik van school gestuurd.

Dat was het moment dat Roy besefte dat er iets moest veranderen.
"Ik wil scheiden," zei Roy op een avond, zijn stem een mengeling van vastberadenheid en wanhoop. Maar Natas was niet van plan om zonder slag of stoot op te geven. "prima"zei Natas, "maar dat gaat je duur komen te staan" en liep weg. Haar ware aard kwam volledig naar voren: onberekenbaar en meedogenloos.

Via de rechter eiste ze dat Roy zijn huis zou verkopen en haar de helft van de opbrengst zou geven. Het was nog niet genoeg om hem emotioneel te breken het afgelopen jaar; ze wilde hem ook financieel ruïneren.

Roy verloor zijn huis en moest noodgedwongen terugkeren naar zijn ouders. Met het vertrek van Roy verloor ik ook mijn thuishaven, ondanks dat deze niet rooskleurig was de laatste maanden en werd ik opnieuw door mijn moeder in een instelling geplaatst.

##8##

We zaten in de auto en al snel kreeg ik door dat de geschiedenis zich begon te herhalen.
Ik vroeg "mam waarom breng je me nu weer naar een instelling?"
Waarop mijn moeder antwoordde: "Julian, ik heb het geprobeerd je weer in huis te nemen, maar zoals je zelf ook gezien hebt, ben je zo onhandelbaar dat je zelfs van school gestuurd bent en ik jou thuis, nu ik alleen ben, niet kan houden".
"Maar MAM", zei Julian met de emoties hoorbaar in zijn stem, "ik heb thuis nooit voor problemen gezorgd; het ging toch allemaal goed? Ik luisterde toch! breng me alsjeblieft niet weer daarheen" fluisterde Julian met de tranen die over zijn wangen rolde.
"Je gaat gewoon, ik wil je niet meer thuis hebben!" antwoordde zijn moeder bits.

De verdere autorit verliep in doodse stilte waarin Julian overmand door verdriet zich afvroeg of hij ooit wel goed genoeg zou zijn voor iemand.

Aangekomen bij de instelling bleek dit niet de instelling te zijn waar hij vorig jaar uitgehaald was. Hij werd voorgesteld aan de begeleiders die hem gelijk al geen goed gevoel gaven en hij begon te huilen.

"Ik wil hier niet blijven, waarom ben ik hier, ik wil mee naar huis!" Ik probeerde weg te lopen, maar ze waren sneller dan ik en hadden me snel te pakken. Ik werd boos en begon om me heen te slaan om me los te krijgen, maar hoe meer ik probeerde los te komen uit hun greep, hoe krachtiger hun greep werd en ze legden me op de grond. Terwijl ik daar lag, hoorde ik mijn moeder zeggen: "zie je nou wel dat je agressief bent en niks kan."

"Daarom zit je hier Julian en hoor je hier en niet thuis!" ik zag mijn moeder weglopen naar haar auto en zonder een blik achterom of een dag te zeggen stapte ze in en reed ze weg.

Huilend en verloren lag ik daar op de grond. De begeleiders tilde me op en brachten me naar een kamer met alleen een bed waar ik rustig moest worden voor ik eruit mocht.

Toen ik uiteindelijk wat rustiger was, mocht ik de kamer verlaten en werd mij verteld dat ik vanaf dat moment daar zou wonen en dat ik naar een nieuwe school kon die naast de instelling stond. De regels van het huis werden mij verteld en wanneer ik mijn medicatie zou krijgen.

Ik werd naar mijn nieuwe kamer gebracht waar ik mijn spullen kon uitpakken en dat ik daarna naar beneden moest komen om de andere kinderen te leren kennen en samen aan het avondeten te beginnen.

Ik zat op mijn bed in mijn nieuwe kamer met Pluis dicht tegen me aangetrokken. Ik kijk naar Pluis en ik vraag "wat doe ik hier?" en zoals ik van niemand een antwoord krijg, krijg ik dat ook niet van Pluis.

9

Dagen, weken en maanden gaan voorbij waarin elke dag hetzelfde leek. 's Ochtends opstaan, wassen en aankleden, ontbijten en eten maken om mee te nemen naar school.

De dag op school in een roes, door de vele medicatie en de overlevingsstand, zien door te komen en daarna weer naar mijn "verblijfsplaats". Soms werd er gevraagd hoe het op school was, maar meestal was de begeleiding te druk met andere dingen of andere jongeren om maar enigszins aandacht aan mij te geven.

Na school was het dan meestal even op de trampoline springen of tegen een bal aan trappen, maar hoe vaak en hoe hard ik tegen die bal aantrapte de frustraties en het gevoel van eenzaamheid gingen niet weg.

Ik herinner me nog dat ik op een avond zo gefrustreerd was dat ik op mijn kamer huilend mijn vuisten kapot sloeg op de muur. De begeleiders kwamen binnen en pakten me hardhandig vast. In plaats van mijn wonden te verzorgen en een gesprek met me aan te gaan, wat er met me aan de hand was, gooide ze me in een kamer met zachte wanden en een zacht matras.

Het enige wat ze zeiden was: "zo, ga hier maar een nachtje afkoelen!" en vervolgens ging de deur met een harde klap dicht. Na een nacht in het pikkedonker en zonder Pluis te hebben 'overleefd' werd ik uit die kamer gehaald en werd ik onder begeleiding naar de psychiater gebracht. Daar binnen gekomen zat mijn moeder daar.

Dat had ik wel verwacht, want de enige keren dat ik haar zag in al die maanden was bij de psychiater, waar ze over mij praten in plaats van 'met mij' te praten.

Verder zag of hoorde ik haar niet meer sinds de dag dat ze me had achtergelaten.

Na een aantal weken weer in de dagelijkse roes en de zogenaamde dagroutine te leven, ging het wederom fout op school. Ik werd tijdens de kookles door een jongen met een mes bedreigd en ik schoot in de weerstand.

De jongen frommelde snel het mes weg door mijn reactie en ik werd door de lerares vermaand om de klas uit te gaan. Uiteraard was ik het daar niet mee eens. Door die frustratie sloeg ik een ruitje in en kon ik me bij de directeur gaan melden.

Het was een dag die in mijn geheugen gegrift zou blijven staan als een dag die in het teken stond van een gesprek dat de loop van mijn leven zou veranderen. Een gesprek waarin volwassenen wederom beslisten over mijn toekomst, zonder dat ik er iets over te zeggen had.

Mijn moeder zat in het kantoor van de directeur, de sfeer doordrenkt van spanning en uiteindelijk werd het onvermijdelijke uitgesproken: ik werd van school gestuurd.

##10##

Mijn moeder kwam het kantoor uitgelopen met een gezicht dat boekdelen sprak. Ze was zichtbaar boos, ogen als ijs die geen warmte kenden.

"Zie je nou," zei ze, terwijl ze zich naar me toeboog met een minachtende blik, "je bent zo'n mongool dat je op geen enkele school te handhaven bent!" Haar woorden sneden door mijn ziel als een mes door boter. Het was niet de eerste keer dat ze zulke dingen tegen me zei, maar op dat moment voelde het alsof de grond onder mij vandaan zakte.

Na dat destructieve gesprek met de directeur, bracht mijn moeder me terug naar de instelling. Ik werd onmiddellijk naar mijn kamer gestuurd, waar ik wachtte met alleen Pluis, mijn oude, versleten knuffelbeer, als gezelschap. Terwijl ik daar zat, hoorde ik de deur van het kantoor opengaan en sluiten. Mijn begeleiders verdwenen samen met mijn moeder in een gesprek—een gesprek over mij, alweer.

De muren van mijn kamer voelden als een gevangenis. Ik wist precies waar het over ging: mijn moeder zou weer zielig gaan doen. Ze zou vertellen hoe moeilijk ik was, hoeveel problemen ik veroorzaakte voor haar vanwege mijn 'geestelijke onvermogen' en de rits met autistische diagnoses die als een stempel op mijn voorhoofd gedrukt stonden. Ze gebruikte 'mijn problemen' als een schild, een excuus voor haar eigen onvermogen om met mij om te gaan.

Ik hoorde steeds getemperde stemmen vanuit het kantoor, hun woorden onhoorbaar, maar hun toon onmiskenbaar beschuldigend. Pluis zat roerloos in mijn handen, een stille getuige van mijn frustraties en angsten. Minuten voelden als uren, voordat mijn begeleider eindelijk mijn kamer binnenkwam om me naar het kantoor te brengen.

In het kantoor zaten de volwassenen in een strakke formatie, alsof ze een aanval zouden uitvoeren. Mijn moeder gaf me een triomfantelijke blik toen ik binnenkwam. Eén van de begeleiders keek me strak aan, zijn gezicht een mengeling van vermoeidheid en medeleven.

"Julian," begon hij, "door de problemen die je op school veroorzaakt hebt kunnen we je hier niet langer houden." "Wij kunnen jou niet de zorg bieden die je naar ons idee en die van je moeder zou moeten hebben. Je zult per direct worden overgeplaatst naar een andere instelling."

Het voelde alsof de grond onder me vandaan zakte. Overplaatsing? Alweer!? Het woord werd als een koude douche over me heen gegoten.

Mijn moeder keek triomfantelijk, alsof ze haar slag had geslagen. Mijn begeleiders knikten instemmend, alsof ze de juiste keuze hadden gemaakt.

Maar voor mij voelde het als het einde van de wereld. De beslissing was genomen en er was geen weg meer terug. Mijn leven zou opnieuw worden ingepakt, verplaatst en uitgepakt in een nieuwe omgeving, met nieuwe gezichten en nieuwe regels.

Terwijl ik het kantoor uitliep, voelde ik de last van hun oordelen op mijn schouders drukken. Maar ik wist ook dat dit niet het einde was. Elk einde is slechts een nieuw begin en hoewel de toekomst onzeker leek, had ik Pluis en mezelf om op te vertrouwen. Het was een dag die mijn wereld op zijn kop zette, maar ook een dag die me sterker maakte.

Want ondanks de snijdende woorden van mijn moeder en de beslissingen van de volwassenen om me heen, wist ik ergens dat ik meer was dan mijn diagnoses.

Ik was Julian—en dat was genoeg.

Met die gedachte liep ik naar de deur, klaar om het onbekende tegemoet te treden.

11

Toen Julian voor het eerst de drempel van de nieuwe instelling overstapte, werd hij overweldigd door een mengeling van angst en verwarring. De steriele gangen en de geluiden van onbekende stemmen maakten hem onzeker over wat hem te wachten stond.

"Hier moet je slapen," zei een begeleider terwijl hij naar een klein, kaal kamertje wees.

"Hoe lang moet ik hier blijven?" vroeg Julian aarzelend. "Dat hangt ervan af," antwoordde de begeleider kortaf, waarna hij de kamer verliet en Julian alleen achterliet met zijn gedachten.

In de daaropvolgende dagen probeerde Julian zich aan te passen aan zijn nieuwe omgeving. Hij ontmoette andere kinderen, sommigen vriendelijk, anderen teruggetrokken of angstig. Tijdens het avondeten zat hij naast Lucas, een jongen die al drie jaar in de instelling woonde.

"Je went er wel aan," zei Lucas terwijl hij zijn eten roerde. "In het begin is alles eng en nieuw, maar na een tijdje wordt dit net zo gewoon als thuis." "Maar dit is niet mijn thuis," fluisterde Julian meer voor zichzelf dan voor Lucas.

De dagen werden weken en langzaam begon Julian zich iets comfortabeler te voelen binnen de muren van de instelling. Hij leerde routines kennen, sloot vriendschappen en ontdekte kleine manieren om zichzelf bezig te houden. Toch bleef het gemis van zijn echte thuis knagen, vooral 's nachts als hij in zijn bed lag en naar het plafond staarde.

Op een dag kwam er een nieuwe begeleidster, mevrouw Jansen. Zij had een andere benadering dan de rest; ze luisterde echt naar wat Julian te zeggen had. "Hoe voel je je hier echt?" vroeg ze tijdens hun eerste sessie. "Ik voel me gevangen," bekende Julian zonder aarzeling. "Ik hoor hier niet."

Mevrouw Jansen knikte begripvol. "We gaan samen kijken wat we kunnen doen om jouw situatie beter te doen begrijpen en hopelijk te verbeteren." Dankzij deze gesprekken begon Julian hoop te koesteren dat er iemand was die hem geloofde en hem zou helpen om uit deze onterechte situatie te komen.

In de instelling waar Julian zijn dagen sleet waren vriendschappen een kostbaar goed, maar ook een bron van constante spanning. Terwijl hij langzaam gewend raakte aan zijn nieuwe omgeving begon hij te merken hoe de relaties tussen de kinderen soms snel konden veranderen.

"Heb je gehoord wat er met Tom is gebeurd?" fluisterde Lucas op een dag tijdens het middageten. Julian schudde zijn hoofd, nieuwsgierig naar wat zijn vriend te zeggen had. "Hij heeft ruzie gekregen met Amir over iets kleins en nu praten ze niet meer met elkaar."

Julian voelde een steek van vrees. "Denk je dat zoiets ons ook kan overkomen?" vroeg hij voorzichtig. Lucas keek hem serieus aan. "In deze plek... je weet maar nooit. We moeten voorzichtig zijn met wat we zeggen en doen."

De woorden van Lucas bleven hangen in Julians gedachten terwijl hij later die dag door de gangen liep. Hij zag Tom alleen in een hoekje zitten, duidelijk overstuur. Het was pijnlijk om te zien hoe snel iemand geïsoleerd kon raken.

Toen Julian die avond in bed lag, piekerde hij over de fragiele aard van vriendschappen hier binnen de muren van de instelling. Hij besloot dat het belangrijk was om sterke banden te smeden, maar tegelijkertijd voorzichtig te blijven om zelf geen doelwit van conflicten te worden.

Een paar dagen later probeerde Julian met Amir te praten tijdens het sportuur. "Kunnen jullie het niet goedmaken?" probeerde hij voorzichtig. Amir keek weg en zuchtte diep. "Het is niet zo simpel, Julian. Hier moet je soms harde keuzes maken om jezelf te beschermen."

De complexiteit van deze sociale dynamiek maakte Julian verdrietig, maar ook vastberaden om een manier te vinden waarop iedereen op een vreedzame manier kon samenleven. Misschien kon mevrouw Jansen helpen bij het herstellen van gebroken vriendschappen.

Die nacht dacht Julian na over wat hij zelf kon doen om bij te dragen aan een betere sfeer in de instelling. Misschien was er hoop dat zelfs in deze moeilijke tijden vriendschap zou kunnen bloeien.

In de schemerige hoeken van de instelling, waar de echo's van oneerlijkheid soms luider klonken dan de stemmen van de kinderen, begon Julian een zwaar gevoel van onrecht te ervaren.

Op een grijze middag, toen de wolken dreigend boven het speelplein hingen, werd dit sentiment acuut toen hij getuige was van een incident tussen Amir en een begeleider.

"Dat is niet eerlijk!" riep Amir uit, nadat hij ten onrechte beschuldigd was iets gestolen te hebben wat hij niet had aangeraakt. Julian stond erbij en keek ernaar, zijn maag draaide om van onbehagen. "Ik heb het niet gedaan," vervolgde Amir, zijn stem gebroken door frustratie.

Julian voelde hoe zijn eigen hart sneller klopte, empathisch verbonden met Amirs strijd. Later die dag trok hij Lucas opzij in een poging zijn gedachten te delen. "Heb je gezien wat er met Amir gebeurde? Dat was toch totaal niet eerlijk?" vroeg hij terwijl ze door de gang liepen. Lucas knikte somber. "Ja, ik zag het. Het gebeurt hier vaker dan je denkt. Sommigen hebben gewoon pech," antwoordde hij zachtjes.

De woorden 'gewoon pech' bleven hangen in Julians gedachten terwijl hij die nacht in bed lag. Hij piekerde over hoe willekeurig onrecht leek te zijn binnen deze muren en hoe machteloos dat hem deed voelen.

Een paar dagen later besloot Julian dat stilzitten geen optie meer was. Hij benaderde mevrouw Jansen, een begripvolle begeleidster bekend om haar rechtvaardigheid. "Mevrouw Jansen," begon Julian voorzichtig tijdens haar spreekuur, "ik denk dat we meer moeten doen om ervoor te zorgen dat iedereen eerlijk behandeld wordt."

Mevrouw Jansen keek hem doordringend aan en knikte langzaam. "Je hebt gelijk, Julian. Laten we samen kijken wat we kunnen doen." Haar woorden boden een sprankje hoop.

Die avond voelde Julian zich iets minder machteloos; misschien kon zelfs één kleine stem verandering teweegbrengen binnen deze grote muren.

##12##

De zon wierp een zachte gloed door het raam van Julians kamer, terwijl hij en Lucas zich over een groot vel papier bogen.

Ze zaten op de vloer, omringd door pennen, markeerstiften en notitieboekjes.

De sfeer in de instelling was de afgelopen weken gespannen geweest. Er waren conflicten ontstaan en het gevoel van saamhorigheid was ver te zoeken.

Julian en Lucas hadden het zichzelf tot taak gesteld om een plan te bedenken dat ze aan mevrouw Jansen konden voorleggen, met het doel om de sfeer en vriendschappen in de groep te verbeteren. Iedereen verdiende tenslotte gelijke behandeling en een beetje gezelligheid kon geen kwaad.

Julian krabbelde een paar woorden op het papier: "teamactiviteiten", "gezamenlijke maaltijden," "open gesprekken."

Lucas knikte instemmend. "Misschien moeten we ook een buddy-systeem invoeren," stelde hij voor. "Zodat de nieuwe jongens meteen iemand hebben om hen wegwijs te maken."

Julian glimlachte. "Dat is een goed idee, Lucas. Het zou helpen om de nieuwelingen zich sneller thuis te laten voelen."

Terwijl ze verder brainstormden haalde Julian ongemerkt zijn telefoon tevoorschijn.

Hij scrolde gedachteloos door zijn contactenlijst, totdat hij bij een naam bleef steken. Zijn hart begon sneller te kloppen.

"Brian?" mompelde hij, meer tegen zichzelf dan tegen Lucas.

Lucas keek op. "Huh? Wat is er?"

Julian slikte. "Ik kwam net het telefoonnummer van 'Brian' tegen," zei hij zacht. "Brian is de naam van mijn vader."

Lucas wist dat Julian zijn vader al jaren niet had gezien. Zijn moeder had altijd gezegd dat Brian niks om hem gaf, iets wat Julian had proberen te accepteren, hoewel het altijd een beetje pijn had gedaan.

De reactie van Julian maakte dat Lucas opsprong. "We gaan hem bellen!" riep hij enthousiast. "Dan kun je zelf horen of hij echt niets om je geeft, zoals je moeder zegt."

Julian voelde een golf van paniek opkomen. "Nee joh, dat durf ik echt niet," zei hij snel, al voelde hij tegelijkertijd een stekende nieuwsgierigheid opkomen. Hoe zou zijn vader reageren?

Lucas ging weer zitten en legde een hand op Julians schouder. "Ik snap dat het eng is, maar je hebt toch niets te verliezen? Misschien wil hij wel heel graag iets van je horen."

Julian staarde naar het telefoonnummer op zijn scherm. De cijfers leken hem uit te dagen, te lokken. Hij voelde de nieuwsgierigheid aan hem knagen. Zou hij het doen?

Julian wreef over zijn gezicht en keek naar Lucas. "Wat als hij niet wil praten? Wat als hij echt niets om me geeft?"

Lucas dacht even na. "Maar wat als hij dat wel doet? Wat als hij al die tijd heeft gewacht op een kans om met je in contact te komen?"

De woorden van Lucas maakten indruk. Julian voelde een mengeling van hoop en angst door zich heen stromen.

De gedachte aan een afwijzing deed pijn, maar de mogelijkheid van een positieve reactie bracht een sprankje hoop.

Na een paar lange minuten van stilte, waarin Julian diep nadacht, pakte hij vastberaden zijn telefoon. "Oké," zei hij, vastberadenheid in zijn stem. "Ik ga het doen."

Lucas glimlachte bemoedigend. "Je kunt het. En wat er ook gebeurt, ik ben hier voor je."

Julian knikte dankbaar en staarde nog eens naar het nummer van zijn vader.

In dat moment van spanning, hing er een gevoel van verandering in de lucht. Wat die verandering precies zou brengen, wist Julian nog niet, maar hij wist wel dat dit een eerste stap was.

Een stap naar mogelijk herstel van een verloren connectie.

En misschien, net zoals hun plan om de sfeer in de instelling te verbeteren, was dit initiatief een manier om zijn eigen leven iets gezelliger en warmer te maken.

Julian haalde diep adem, klaar om te ontdekken wat deze onverwachte ontdekking zou brengen.

In de stilte van zijn kamer wist hij dat, welke reactie hij ook zou krijgen, hij in ieder geval de moed had getoond om het te proberen.

En dat was al een overwinning op zich.

Julian staarde naar het nummer op zijn telefoonscherm, aarzelend of hij daadwerkelijk moest bellen. Zijn vader had hem al jaren geleden verlaten en de gedachte aan contact met hem bracht een golf van emoties teweeg. Wat wist hij immers nog van zijn vader die voor hem ondertussen een beetje als een vreemde voelde?

Toch drukte de 14 jarige Julian uiteindelijk op de belknop en luisterde gespannen terwijl de telefoon overging aan de andere kant.

Na een paar seconden hoorde hij een stem die zei: "Met wie spreek ik?"

"Pap met Julian," antwoordde hij zachtjes, zijn hart bonzend in zijn borstkas.

Er volgde een stilte aan de andere kant van de lijn voordat zijn vader eindelijk reageerde. Zijn stem klonk verrast maar ook terughoudend toen hij zei: "Julian? Ben je het echt?"

Waarop Julian reageert "Ja pap, ik ben het echt."

Met hoorbare emotie in zijn stem zegt zijn vader "Ik vind het fijn dat je belt; hoe gaat het met je knul?".

Julian slikte even en vertelde zijn vader hoe het hem verging en dat hij sinds zijn 9de in een instelling woonde, maar dat hij eindelijk ook wat meer wilde weten over de reden van zijn afwezige vader al die jaren. De woorden stroomden uit hem alsof er jarenlang opgespaarde emoties naar buiten kwamen.

Zijn vader luisterde aandachtig en vol ongeloof en verdriet naarmate het gesprek vorderde. Er waren ongemakkelijke momenten en onuitgesproken verwijten, maar ook momenten van oprechte verbondenheid.

Aan het einde van het gesprek beloofden ze om elkaar binnenkort te ontmoeten, om eindelijk de kans te krijgen om elkaar te leren kennen. Voor Julian was dit telefoontje het begin van een reis naar ontdekkingen en verzoening.

##13##

Het weekend na het gesprek hebben Julian en zijn vader afgesproken in de stad waar Julian verblijft.

Aangezien Julian het heel erg spannend vind gaat zijn vriend Lucas met hem mee en het valt bij de begeleiding dan ook niet op dat Julian alleen weg is.

"Als het een eikel blijkt te zijn pakken we hem met zijn tweeën!"zegt Lucas heel stoer en opgewonden tegen Julian. Julian lacht hier zenuwachtig om en ze komen bij het restaurantje waar ze hebben afgesproken.

Ze lopen samen langs de tafeltjes zoekend naar een alleen zittende man.

"Zou dat hem zijn?" fluistert Lucas tegen Julian terwijl hij hem een tikje op zijn schouder geeft.

Ze lopen op de man af. "Pap?" vraagt Julian aan de man.

De man draait zich om, staat op van zijn stoel en geeft Julian zonder het te vragen een dikke knuffel. Een knuffel zoals Julian in jaren niet gevoeld heeft. Het geeft hem een ontzettend fijn en vertrouwd gevoel.

"Ja jongen, ik ben het." zegt de man met tranen in zijn ogen."Wat ben ik ontzettend blij jou weer te zien!"

"Hoi, ik ben Brian" zegt de man tegen Lucas en steekt zijn hand uit.

"Ga lekker zitten jongens; willen jullie iets te drinken?".

Brian staart naar zijn kop koffie, de stoom kringelt omhoog in de lucht tussen hen in als een ongrijpbare droom.

Julian, met zijn handen rustend op de tafel, haalt diep adem en probeert de juiste woorden te vinden. Hij voelt de ogen van zijn vader op hem gericht, ogen die hij zoveel jaren niet heeft gezien, ogen die nu gevuld zijn met een mengeling van hoop en angst.

"Pap," begint Julian, zijn stem brekend onder het gewicht van alles wat hij wil zeggen, "er is zoveel dat je niet weet."

Brian knikt, niet in staat om iets uit te brengen. Hij heeft jarenlang naar dit moment uitgekeken, maar niets kon hem voorbereiden op de rauwe werkelijkheid van Julians verhaal.

"Na de scheiding van jou en mam... veranderde alles," vervolgt Julian, zijn ogen starend naar een onzichtbaar punt op de tafel. "Ze heeft me in een instelling geplaatst. Ik begreep het niet, ik was zo jong. Ze zei dat het voor mijn eigen bestwil was, maar het voelde alsof ze me gewoon kwijt wilde."

Brians hart breekt bij deze woorden en hij voelt een golf van schuld en verdriet. Hij laat zijn koffiekopje los en plaats zijn hand bemoedigend op die van Julian. "Waarom heeft ze je daar geplaatst?"

Julian slikt, zijn keel, droog van de pijnlijke herinneringen. "Ze denkt dat ik....verstandelijk gehandicapt ben. Dat hoorde ik haar zeggen tegen een psycholoog." "Ze gebruikten woorden die ik niet begreep, zoals PDD-NOS. Ik wist alleen dat ik anders was, maar ik voelde me nooit... minder."

Met een geforceerde glimlach op zijn gezicht herinnert Julian zich de vele keren dat hij van instelling naar instelling werd verplaatst.

Het voelde alsof hij een pion was in een spel dat hij niet begreep. "Ik heb zoveel keren mijn koffers moeten pakken, pap. Elke keer dacht ik dat het misschien beter zou worden, maar het werd alleen maar moeilijker."

Brian luistert, zijn ogen nu groot van ongeloof en verdriet. Iedere keer dat Julian overgeplaatst werd, voelde als een messteek in zijn hart. "En toen? Wat gebeurde er toen?"

"Ik mocht een jaar thuis wonen," vervolgt Julian, een zeldzaam moment van hoop in zijn stem. "Totdat mama en Roy gingen scheiden. Toen moest ik weer terug naar een instelling. Uiteindelijk werd ik van school getrapt, omdat ik een ruitje had kapotgeslagen. Nu ga ik niet meer naar school, maar naar de dagbesteding."

Bij deze laatste woorden ziet Brian de kwetsbaarheid en de wanhoop in zijn zoon. Het breekt zijn hart, maar het maakt hem ook trots. Julian heeft zoveel moeten doorstaan en toch is hij hier, tegenover hem, sterker dan ooit.

Brian veegt een traan weg en kijkt zijn zoon diep in de ogen. "Hoe heeft ze dit je aan kunnen doen, Julian? Ik ben zo ontzettend boos."

Julian knikt, zijn ogen gevuld met een mengeling van begrip en pijn maar ook boosheid, want waar was jij dan al die jaren, vroeg Julian zich in stilte af. "Ik weet het niet, pap" zegt hij. "Maar ik ben hier nu. En ik wil gewoon een kans om een normaal leven te kunnen leiden."

Naast hen zit Lucas, Julians steun en toeverlaat, met ogen zo groot als schoteltjes. Hij heeft het hele gesprek stil en ademloos gevolgd, nauwelijks in staat om te bevatten wat hij hoort. De waarheid was pijnlijk om te horen. Het leven van zijn vriend Julian was allesbehalve rooskleuring waar Lucas niks van wist, omdat Julian daar nooit iets over zei.

##14##

Na de ontmoeting met Brian lopen Julian en Lucas in stilte terug naar de instelling. De lucht begint af te koelen terwijl de avondschemering langzaam het landschap omhult. Julians gedachten draaien als een tol, terwijl Lucas naast hem loopt, klaar om te luisteren en te steunen.

"Nou, zo'n eikel vond ik het niet," breekt Lucas uiteindelijk de stilte. Zijn stem is zacht, bijna aarzelend, alsof hij bang is om de delicate balans van Julians gedachten te verstoren.

Julian blijft nog een moment stil voordat hij antwoordt. "Nee," zegt hij langzaam, alsof hij elk woord weegt. "Volgens mij is hij best aardig. Maar waarom wilde hij dan geen contact met mij? En waarom zegt mijn moeder dat hij niks om mij geeft? Als dat zo was, was hij nu toch ook niet hier geweest?"

Julian voelt een brok in zijn keel. Hij wil niet toegeven hoezeer het hem pijn doet; die vragen waar hij geen antwoord op heeft. "Dat ben ik vergeten te vragen," zegt hij teleurgesteld tegen Lucas. "Ik had ook zoveel te vertellen."

Lucas legt een hand op Julians schouder, een gebaar van troost en steun.

"Nou, dan vraag je dat de volgende keer toch," stelt hij voor. "Je wilt hem toch zeker nog wel een keer zien?" "Jazeker," antwoordt Julian enthousiast, een vonkje hoop in zijn ogen. "En ik zou ook graag eens naar hem toe gaan, een weekend of zo."

"Dan leer ik zijn vrouw Danique en haar twee kinderen Aimee en Amber ook kennen. Want zoals hij vertelde, zijn die hartstikke leuk en aardig! Ik heb gewoon twee bonuszusjes," zegt Julian opgewonden.

"Pff," bromt Lucas, zijn gezicht vertrokken in een grimas. "Zusjes zijn stom, vervelend en echt super irritant." Julian lacht om de reactie van zijn vriend. "Ja, de jouwe misschien," zegt hij plagend. "Maar ik wil ze toch leren kennen."

De instelling komt langzaam in zicht, maar in Julians hoofd blijft de ontmoeting met zijn vader rondcirkelen.

Hij denkt aan het spontane lachen, de onverwachte raakvlakken, en de warmte die hij voelde, heel kort, alsof een verloren puzzelstukje eindelijk op zijn plek viel. Hij herinnert zich ook de ongemakkelijke stiltes en de vragen die onbeantwoord bleven.

"Weet je," zegt Lucas, die weer zijn gedachten lijkt te lezen, "het is oké om vragen te hebben. Misschien moet je ze stellen, voor je eigen gemoedsrust." Julian knikt langzaam. "Ja, ik denk dat je gelijk hebt. Maar wat als de antwoorden niet zijn wat ik hoop?" "Dat is een risico," antwoordt Lucas eerlijk. "Maar je verdient het om de waarheid te weten, welke dat ook is."

##15##

Julian en Lucas bereiken de poorten van de instelling, maar Julian weet dat het echte avontuur nog maar net is begonnen.

De ontmoeting met zijn vader heeft een hele nieuwe wereld van mogelijkheden en vragen geopend. Hij is vastbesloten om zijn vader beter te leren kennen, ongeacht de antwoorden die hij zal vinden.

Julian voelt de steun van Lucas als een onzichtbare mantel om zich heen en dat geeft hem moed. Hij ademt diep in en zet de eerste stap terug naar binnen bij de instelling, maar ook richting een toekomst die nu wat helderder en hoopvoller lijkt, gevuld met nieuwe familieleden en misschien, een herstelde band met zijn vader.

Vastbesloten is hij om mevrouw Jansen in vertrouwen te nemen over dit heugelijke gebeuren en haar te vragen of hij een weekend naar zijn vader en diens gezin mag. Alleen de gedachte daaraan stemt Julian al vrolijk.

Julian schuifelde de kamer van mevrouw Jansen binnen, zijn hart kloppend in zijn borstkas en vraagt haar of ze even tijd voor hem heeft. Hij had vannacht slecht geslapen, maar vandaag was anders. Vandaag voelde als een nieuwe start.

Mevrouw Jansen was een warme vrouw van middelbare leeftijd met zachte ogen en een empathische glimlach. "Tuurlijk, voor jou altijd, Julian," antwoordde ze terwijl ze hem uitnodigde om te gaan zitten. "Kom, vertel me wat je op je hart hebt." Julian nam plaats tegenover haar, zijn ogen straalden van opwinding. Het was alsof hij een geheim dat te groot was om alleen te dragen, eindelijk kon delen.

"Mevrouw Jansen," begon hij, zijn stem trilde een beetje, "Eergisteren vond ik het telefoonnummer van mijn vader".

Mevrouw Jansen legde haar pen neer en leunde iets naar voren, haar ogen gefixeerd op Julian. "Dat is geweldig nieuws. Vertel me meer."

Julians gezicht lichtte op. "Het was in de oude telefoon van mijn moeder, die ze me had gegeven om te gebruiken. Lucas was bij me en hij moedigde me aan om te bellen. Ik had zoveel moed nodig, maar ik heb het gedaan."

Mevrouw Jansen knikte bemoedigend, haar ogen vol begrip en geduld.

Julian vervolgde zijn verhaal. "En gister... gisteren heb ik mijn vader weer gezien. Voor het eerst in jaren! Lucas en ik hadden stiekem afgesproken met hem in een restaurant in de stad." Hij pauzeerde even, alsof hij het moment opnieuw wilde beleven. "Het was... het was fantastisch. We hebben zo goed gepraat. Maar er zijn nog zoveel vragen die ik heb, waar we helemaal niet aan toe zijn gekomen."

Mevrouw Jansen voelde de emotie in zijn stem en kon het nauwelijks helpen om zelf ook ontroerd te raken. "Dat moet een enorme ervaring voor je zijn geweest, Julian. En ik ben zo trots op je dat je de moed hebt gehad om hem te bellen."

Julian knikte, zijn ogen stralend van hoop. "Daarom wilde ik u vragen... kunt u regelen dat ik een weekend naar hem toe mag? Ik wil ook zijn vrouw Danique en mijn bonuszusjes Aimee en Amber leren kennen. Ik heb nog zoveel vragen en wil meer tijd met hen doorbrengen."

Het hart van mevrouw Jansen smolt bij het zien van zijn enthousiasme. Ze gaf hem een geruststellende glimlach. "Natuurlijk, Julian. Ik zal alles doen wat ik kan om dat voor je te regelen. Je hebt dit verdiend."

De dankbaarheid in Julians ogen was onmiskenbaar. "Dank u wel, mevrouw Jansen. Dit betekent zoveel voor me." en hij liep opgetogen haar kamer weer uit.

In de dagen die volgden, liet mevrouw Jansen haar belofte niet ongemoeid. Ze legde contact met Julians vader en regelde zorgvuldig een weekendbezoek. Voor Julian was dit meer dan een simpele ontmoeting; het was een kans om een band op te bouwen die jaren verloren was gegaan.

De hoop en vreugde die hij voelde waren onbeschrijflijk, maar helaas van korte duur.

##16##

Het was een zonnige vrijdagochtend, toen mevrouw Jansen, de betrokken en empathische begeleider van Julian, een ontmoeting had met Brian, aangezien ze hem eerst eens wilde ontmoeten.

Het was een bijeenkomst die bol stond van goede intenties en hoopvolle verwachtingen. Brian, die ondanks een turbulente relatie met Julians moeder, nooit zijn verlangen had opgeven om een band met zijn zoon op te bouwen, pakte deze kans met twee handen aan: een weekend samen doorbrengen met Julian, weg van de instelling zou geweldig zijn.

Met een goedkeurende glimlach en een bevestigend knikje had mevrouw Jansen tijdens haar kennismaking met Brian hier een goed gevoel over; onwetend van de storm die zou volgen.

Na de ontmoeting met Brian, belde mevrouw Jansen met Julians moeder, Natas, vol enthousiasme om het heuglijke nieuws te delen.

Wat mevrouw Jansen echter niet had verwacht, was de intensiteit van Natas' reactie. De telefoonverbinding leek te bevriezen onder het gewicht van Natas' woede.

"Brian heeft geen enkel recht om Julian te zien!" verklaarde Natas met een stem die trilde van onderdrukte emoties. "Hij heeft geen ouderlijk gezag. Ik heb dat en ik geef geen toestemming!"

Mevrouw Jansen voelde haar hart zinken. Ze had de goedkeuring van Natas nodig om Julian het weekend met zijn vader te laten doorbrengen.

Ze probeerde te bemiddelen, te wijzen op het potentiële positieve effect op Julians welzijn, maar Natas was onvermurwbaar.

"Als hij zo graag een weekend weg wil," vervolgde Natas, "dan komt hij maar naar huis. Maar naar zijn vader gaat hij niet!"

Er volgde een pijnlijke stilte.

Mevrouw Jansen staarde naar de documenten voor zich op haar bureau, hopend op een oplossing die niet leek te komen. Toen ze eindelijk de papieren met betrekking tot ouderlijk gezag controleerde, zag ze tot haar spijt dat Natas gelijk had.

Brian had geen gezag over Julian.

Haar schouders zakten terwijl de realiteit haar trof; ze moest Brian teleurstellen en Julian op de hoogte brengen van dit besluit.

Ze liep naar Julians kamer, haar gedachten als een zware last op haar gemoed. Julian zat aan zijn bureau achter de computer, verdiept in een spel, maar keek op toen ze binnenkwam. Zijn ogen glommen met een mengeling van hoop en nieuwsgierigheid.

"Julian," begon mevrouw Jansen zachtjes, "ik heb net met je moeder gesproken over het weekend met je vader."

De glimlach op Julians gezicht vervaagde langzaam, alsof het zonlicht van hem werd weggezogen. "Je moeder heeft geen

toestemming gegeven," vervolgde ze, haar stem zo kalm mogelijk. "Dat betekent dat je niet naar je vader kunt gaan."
Er volgde een verstikkende stilte. Julians blik dwaalde af naar het raam. Hij leek kleiner, gekrompen onder het gewicht van zijn teleurstelling. Mevrouw Jansen wist dat woorden nu weinig troost konden bieden, maar ze voelde de behoefte om iets te zeggen, iets dat zou kunnen helpen om de pijn te verlichten.
"Het spijt me zo, Julian, Maar je mag dat weekend wel naar huis, naar je moeder dat is ook fijn toch?" fluisterde ze. Julian bleef zwijgen, maar knikte zachtjes. Zijn ogen glansden, niet meer van hoop, maar van opkomende tranen.
Mevrouw Jansen verliet zachtjes Julians kamer met een zwaarder hart dan toen ze binnenkwam, maar ook met een hernieuwde vastberadenheid. Ze wist intuïtief dat er iets niet klopte; iets waar ze haar vinger nog niet op kon leggen, maar ze was vastbesloten om Julian te ondersteunen op zijn pad, hoe hobbelig dat pad ook mocht zijn. Met Julians veerkracht en met haar toewijding, zou ze Julian door deze stormachtige tijden heen helpen.

##17##

De lucht was grauw en de regen tikte zachtjes tegen de ramen van het kantoor van mevrouw Jansen. Ze zat achter haar bureau, haar ogen rustend op de telefoon die voor haar lag. Het telefoontje dat ze moest plegen zou niet gemakkelijk zijn, maar het was noodzakelijk. Ze had de verantwoordelijkheid op zich genomen om Julian zoveel mogelijk te helpen. Vandaag betekende dat een pijnlijke boodschap brengen aan Brian, Julians vader.
Julian had haar eerder die week vol hoop aangekeken toen hij vroeg of hij het weekend bij zijn vader kon doorbrengen. Mevrouw Jansen had de situatie met zijn moeder, Natas, besproken. Het antwoord was echter een onverbiddelijk "nee".

Julian mocht zijn vader niet bezoeken. Er was iets in Natas haar stem, een onheilspellende toon, die bij mevrouw Jansen een intuïtief gevoel van ongemak opriep. Er klopte iets niet, maar wat precies was nog onduidelijk. Ze zuchtte diep en pakte de telefoon. Het was tijd om Brian het teleurstellende nieuws te vertellen.

"Hallo, met Brian," klonk een warme, doch vermoeide stem aan de andere kant van de lijn. "Goedemorgen, Brian. U spreekt met mevrouw Jansen, de maatschappelijk werkster van Julian," begon ze voorzichtig.

"Ik heb vervelend nieuws. Uw ex-vrouw geeft geen toestemming voor het weekendbezoek van Julian. Helaas kan ik daar niets aan doen, omdat u geen ouderlijk gezag heeft over Julian. Alleen zij kan toestemming geven."

Het bleef even stil aan de andere kant van de lijn. Toen kwam zijn reactie, met een intensiteit die haar niet verraste.

"GEEN ouderlijk gezag?!" brieste Brian. "Maar die heb ik wel degelijk! Dit kan ze niet maken na alles wat ze al gedaan heeft en Julian al die jaren bij me weggehouden heeft!"

Mevrouw Jansen voelde de wanhoop en verontwaardiging door de telefoon heen sijpelen. Ze wist dat deze man alles voor zijn zoon over had en dat het contact met Julian voor hem van levensbelang was.

"Brian," begon ze kalm, maar medelevend, "ik begrijp dat dit nieuws een grote schok voor u is. Het klinkt inderdaad alsof er iets niet klopt. Ik raad u aan om zo snel mogelijk uw ouderlijk gezag op te vragen via de rechtbank en het ons aan te tonen. Dit is wellicht de enige manier om duidelijkheid te krijgen, zodat we kunnen zorgen dat Julian wel op bezoek kan bij u."

Er was een korte pauze aan de andere kant van de lijn en toen sprak Brian, zijn stem nu doordrenkt met vastberadenheid. "Dank u, mevrouw Jansen. Ik zal hier werk van maken. Julian verdient beter dan dit."

Mevrouw Jansen legde de hoorn neer en staarde naar het plafond. Haar hart voelde zwaar, maar ze wist dat ze het juiste had gedaan. Familiezaken waren zelden eenvoudig en de waarheid was vaak in nevelen gehuld. Maar soms, met de juiste begeleiding en ondersteuning, konden mensen de kracht vinden om te vechten voor wat juist was.

Ze wist dat Brian een lange, moeilijke weg te gaan had. Toch geloofde ze ook in de kracht van de waarheid. Julian verdiende een vader die voor hem vocht en Brian verdiende de kans om die vader te zijn. Dit telefoontje was slechts het begin van een ingewikkelde reis; een reis vol tegenslag maar ook met overwinningen.

In de stilte van haar kantoor voelde mevrouw Jansen een sprankje hoop. Soms was het brengen van de waarheid het moeilijkste dat je kon doen, maar het was noodzakelijk voor wat hen toekwam.

Dit was een van die momenten. En ze wist dat, hoe zwaar de storm ook zou worden, er altijd verlichting zou zijn aan de horizon voor hen die de waarheid najoegen.

18

De geur van herfstbladeren en regen hing in de lucht terwijl het weekend zich aandiende. Voor de meeste kinderen betekende dit een pauze van school en de vrijheid om te spelen, te ontspannen en plezier te maken. Maar voor Julian was dit weekend anders.

Het zou het eerste weekend zijn waarop hij eindelijk naar zijn vader zou gaan, na twee lange jaren in een instelling. De opwinding van deze langverwachte ontmoeting werd echter al snel overstemd door een gevoel van teleurstelling en onzekerheid.

Brian had alles gedaan wat in zijn macht lag om zijn ouderlijk gezag aan te tonen en ervoor te zorgen dat Julian bij hem kon zijn. Toch, ondanks zijn inspanningen, had bureaucratie roet in het eten gegooid. De benodigde papieren waren niet op tijd binnengekomen en zo werd het plan voor het weekend bij zijn vader abrupt afgebroken. In plaats daarvan moest Julian, zoals zijn moeder had geëist, het weekend bij haar doorbrengen.

De auto stond al klaar toen Julian stilletjes instapte. Hij voelde de spanning in de lucht, een spanning die hij niet helemaal kon plaatsen, maar die als een onzichtbare last op zijn schouders drukte. Zijn moeder zat achter het stuur en deed alsof er niets aan de hand was; haar blik strak op de weg gericht.

De reis naar huis voelde langer dan normaal. Julian zat stil in zijn stoel, zijn gedachten een wirwar van emoties. Het huis voelde vreemd aan toen ze binnenstapten, een mengeling van bekendheid en vreemdheid na zo'n lange tijd weg te zijn geweest.

Zijn tas werd aan de kant gezet en de stilte van de huiskamer was oorverdovend. Julians onzekerheid groeide met de minuut. Uiteindelijk besloot hij zijn moed bijeen te rapen en zijn moeder te vragen waarom hij niet naar zijn vader mocht gaan.

"Mam, waarom mocht ik dit weekend niet naar papa?" vroeg hij met een stem die net hoorbaar was. De vraag leek als een vonk in een kruitvat te werken. Natas draaide zich langzaam om, haar ogen vol woede. Haar reactie was onverwacht en intens. In plaats van een uitleg te geven, zoals Julian had gehoopt, barstte ze in woede uit. "Waarom? Waarom!" schreeuwde ze, terwijl ze op hem af stormde. "Je begrijpt er helemaal niets van hè?"

Julian deinsde achteruit, maar zijn moeder was sneller. Ze greep hem vast, haar vingers als ijzeren klauwen om zijn armen. Toen ze zijn keel wilde vastpakken, krasten haar nagels langs zijn gezicht en met een grimmige vastberadenheid kneep ze zijn keel dicht. "Jullie hadden allebei niet moeten leven!" schreeuwde ze, haar woorden doordrenkt van bittere woede en haat.

Julians wereld leek ineen te storten. De pijn en angst overvielen hem en hij wist niets anders te doen dan zich los te worstelen en naar boven te rennen. Tranen stroomden over zijn wangen terwijl hij op zijn bed viel en in huilen uitbarstte, de echo van zijn moeders woorden nog steeds nagalmend in zijn hoofd.

De terugkeer naar huis was niet het vreugdevolle weerzien waar Julian op had gehoopt. In plaats daarvan had hij te maken gekregen met de rauwe en onvoorspelbare emoties van zijn moeder, die diepere wonden hadden geslagen dan hij al had. Dit weekend, dat een moment van vreugde en gezelligheid had moeten zijn, werd een herinnering aan de pijnlijke realiteit dat hij nooit goed genoeg was voor zijn moeder en niet wist of hij ooit zijn vader nog te zien of te spreken zou krijgen.

Het gevoel van eenzaamheid overviel hem, huilend pakte hij Pluis en viel met Pluis dicht tegen zich aan in een rusteloze slaap.

##19##

Het weekend verliep verder rustig, op een manier die bijna onnatuurlijk leek.

De uren tikten traag voorbij. Zijn moeder leek te doen alsof alles normaal was, alsof het voorval van de vorige avond nooit had plaatsgevonden. Maar Julian voelde de spanning onder de oppervlakte. Hij kende zijn moeder goed genoeg om te beseffen dat dit slechts een façade was, een dunne sluier van normaliteit die bij het minste of geringste kon scheuren.

Zaterdag vorderde met een ongemakkelijke rust, gevuld met schijnbare kalmte. Julian hechtte zich aan deze rust, al was het een ijle schim van de vrede die hij zo wanhopig zocht. Hij zocht troost in de kleine dingen: een boek, een wandeling buiten, momenten van stilte waarin hij even alleen kon zijn met zijn gedachten.

Toen de zondagavond aanbrak voelde Julian een mengeling van opluchting en angst. Hij wist dat hij terug zou keren naar de instelling, een plek die, ondanks zijn beperkingen, een zekere mate van voorspelbaarheid en veiligheid bood, maar ook een plek waar hij helemaal niet wilde zijn.

Bij de instelling aangekomen, stond mevrouw Jansen hen al op te wachten. "Hoe was het weekend, Julian en wat is er met je gezicht gebeurd?" vroeg ze vriendelijk.

Voordat hij kon antwoorden, nam zijn moeder het woord. "Oh, het was een hele uitdaging," verzuchtte ze en trok een gezicht van gespeelde vermoeidheid. "Julian had een woede-uitbarsting, omdat hij zijn medicatie niet wilde innemen. Het was echt moeilijk om hem in bedwang te houden en heeft zichzelf verwond in zijn gezicht, omdat hij mij wilde krabben maar dit lukte hem gelukkig niet."

Julian stond daar, met stomheid geslagen. Wat zijn moeder beschreef was een complete verdraaiing van de werkelijkheid. Hij had zich juist ingehouden, uit angst voor haar reacties. Haar woorden voelden als een mes in zijn rug. "Ik had zo naar dit weekend uitgekeken na al die tijd," vervolgde ze, tranen veinzend in haar ogen. "Maar het was zo'n teleurstelling. Het doet me pijn dat Julian zich zo gedraagt."

Waarom zei ze dit? Waarom verdraaide ze de feiten zo? Alles in hem schreeuwde om de waarheid te vertellen. 'Ze greep me bij mijn keel en krabde in mijn gezicht; ze schreeuwde "dat we allebei niet hadden moeten leven" toen ik vroeg waarom ik niet naar papa mocht,' wilde hij roepen. Maar hij hield wijselijk zijn mond. Hij wist dat het geen zin had. Niemand zou hem geloven tegen de woorden en het manipulatieve toneelspel van zijn moeder in.

Julian voelde een diep gevoel van onrechtvaardigheid en eenzaamheid. De waarheid leek een eenzame metgezel in een wereld van façades en leugens. Hij wist niet waarom zijn moeder deze dingen zei, maar hij begon te beseffen dat haar versie van de werkelijkheid altijd de boventoon zou voeren in de ogen van anderen. Diep vanbinnen wist hij wat er echt gebeurd was en dat maakte hem boos en verdrietig. Hij wist dat hij niet de persoon was die zijn moeder beschreef.

Hij wist dat hij niet was, die haar leugens iedereen deed geloven. Waarom, waarom wilde ze toch zo graag iedereen met haar leugens er van overtuigen dat ik een probleemkind ben. Een kind dat ik diep van binnen helemaal niet ben! Het enige wat ik wil is de liefde en de warmte van een gezin; me ergens thuis voelen. Maar dat zal ik wel nooit krijgen, want ik ben niet normaal en kan niet thuis wonen, anders had ik hier niet gezeten toch?!

Ondanks de pijn en verwarring en geen antwoord op zijn vraag krijgend, wist hij dat hij zou doorgaan, maar ook dat hij niet was die ze zeiden dat hij was. Hij zou vechten voor zijn eigen waarheid, zelfs al moest hij dat in stilte doen.

De schaduw van het weekend hing als een donkere wolk boven Julian en hij liet zich even volledig verzwelgen door de duisternis. Hoewel de wereld misschien blind was voor de werkelijkheid, hoopte Julian dat er ooit iemand was die de waarheid wel zou zien en kon zien hoe hij, maar ook zijn moeder werkelijk was.

Wellicht ooit zijn vader dacht Julian, als ik de kans krijg om hem op te kunnen zoeken zal hij weten dat wat ik vertel de waarheid is. Maar ja, daar had Julian nu niks aan en zweeg hij in stilte. Het klepje van zijn hart gooide het gebeuren van afgelopen weekend dicht. Hij trok zijn schouders op en maande zichzelf er niet meer om te geven en het zich niet meer aan te trekken. 'Als ik niks voel raakt het me ook niet meer', waren zijn gedachtes.

##20##

De stilte van de dagen kan soms zo oorverdovend zijn dat zelfs de meest helende omgevingen niet in staat zijn de eenzaamheid te verjagen. Julian wist dit maar al te goed, terwijl hij zijn dagen sleet op de dagbesteding, ver van de chaos in de instelling.

De paarden waren zijn toevluchtsoord. In de kalmte van hun aanwezigheid vond hij een vorm van vrijheid; een pauze van de wereld en zijn onophoudelijke eisen. Elke ochtend, als de zon zich voorzichtig over de horizon waagde, verliet Julian de instelling met een mengeling van opluchting en weemoed.

De dagbesteding was als een oase, een plek waar hij zichzelf kon verliezen in het harde maar bevredigende werk buiten. Vandaag was geen uitzondering. De geur van vers gemaaid gras, het gevoel van aarde onder zijn handen en het vertrouwde gehinnik van de paarden begroetten hem hartelijk.

Julian had altijd al een bijzondere band met dieren gevoeld. Ze waren eerlijk, ongecompliceerd en onvoorwaardelijk. De paarden om hem heen gaven hem het gevoel dat hij er mocht zijn, zonder oordeel of verwachtingen. Het was alsof ze zijn ziel konden lezen en wisten wanneer hij troost nodig had, zonder dat hij iets hoefde uit te leggen.

Terwijl hij door de wijde weides wandelde en de paarden verzorgde, kon hij even alles vergeten. Hier kon hij simpelweg Julian zijn; niet de jongen met een verstandelijke beperking en een rits aan diagnoses, niet de lastige zoon, maar gewoon zichzelf.

Aan het eind van de dag keerde hij terug naar 'de groep' zoals het werd genoemd in de instelling, een plek die eerder voelde als een gevangenis dan als een toevluchtsoord.

Ondanks de voldoening die hij ervaren had bij de paarden, voelde hij zich verloren.

De leegte die zijn vader na het laatste contact had achtergelaten, drukte zwaar op zijn schouders. Geen bericht, geen teken van leven.

Zijn hoop, dat zijn vader daadwerkelijk achter die gezagspapieren aan was gegaan en hij hem snel weer zou zien, vervaagde met elke dag dat hij niets hoorde.

Het feit dat hij geen contact kon opnemen om het zelf te vragen —een straf van zijn moeder, omdat hij zijn vader zomaar had gebeld— maakte de pijn ondraaglijk.

Julian had zijn telefoon moeten inleveren en zat nu opgesloten in een wereld van stilte en onzekerheid. Zittend in een hoekje van de woonkamer op de groep, voelde hij de eenzaamheid als een koude bries door zijn ziel trekken.

Net toen de zwaarte van zijn gedachten ondraaglijk begon te worden, liep de kok langs hem. De man, die dagelijks het avondeten verzorgde, zag de eenzaamheid in Julians ogen. "Kom, knul," zei hij vriendelijk. "Loop eens even mee naar de keuken." Er was iets in de stem van de kok, een mengeling van warmte en begrip, dat Julian ertoe bracht op te staan en zijn richting te volgen. De geur van vers bereide maaltijden vulde de keuken en de eenvoudige, huiselijke sfeer gaf Julian een gevoel van geborgenheid die hij al lang niet meer had gevoeld. Ze werkte samen in stilte, de kok en Julian, terwijl de zon langzaam onderging.

De simpele handelingen van het bereiden van een maaltijd—groenten snijden, pannen roeren, kruiden toevoegen—maar ook het mogen voorproeven brachten een onverwachte rust en blijdschap in Julians hart.

Aan het eind van de dag was het niet zozeer de smaak van het eten of de tevredenheid van het werk op de dagbesteding die Julian weer wat positiviteit gaf. Het was de bevestiging dat, ondanks de stilte en de eenzaamheid, een klein beetje aandacht al een heleboel kan doen om je beter te voelen. En terwijl Julian die avond zijn bord leeg at, voelde hij voor het eerst sinds lange tijd een sprankje hoop. Misschien, dacht hij, is mijn vader wel bezig met die papieren en is er toch nog een weg naar een betere toekomst; één waarin hij niet alleen maar hoeft te overleven, maar 'echt' kan leven.

##21##

De stilte in de gang op Julians groep werd plotseling doorbroken door het zachte kloppen op zijn kamerdeur.

Mevrouw Jansen, met haar altijd zorgzame glimlach, stond in de deuropening. "Julian, er is telefoon voor je," zei ze met een warmte die hem onmiddellijk geruststelde.

"Telefoon voor mij? Wie dan?" vroeg Julian verbaasd terwijl hij opstond van zijn bed. "Dat zul je zo wel horen," antwoordde mevrouw Jansen met een mysterieuze glimlach, haar ogen fonkelend van opwinding voor de jongen.

Ze wenkte hem om mee te lopen naar haar kantoor, een ruimte die normaal gesproken alleen werd gebruikt voor serieuze gesprekken en belangrijke mededelingen. In het kantoor aangekomen zag Julian de telefoon op het bureau liggen. Hij gaf mevrouw Jansen een vragende blik, maar haar glimlach moedigde hem aan om de telefoon op te nemen.

"Hallo, met Julian," zei hij nieuwsgierig. Aan de andere kant van de lijn hoorde hij een stem waarvan hij al weken hoopte deze weer te horen. "Hey vriend, met papa!"

"Papa!" riep Julian uit, iets te hard en enthousiast door de kamer. Zijn hart maakte een sprongetje van vreugde, maar die vreugde werd snel overschaduwd door een golf van verwarring en boosheid. "Waarom belde je me al die tijd niet? Waar was je? Ik dacht dat je me niet meer wilde zien," ratelde hij, de vragen stromend als een waterval over zijn lippen.

Zijn vader onderbrak hem voorzichtig, zijn stem vol begrip en geduld. "Ik begrijp dat het moeilijk voor je was, Julian. Weet je nog dat je geen toestemming kreeg van je moeder om naar mij toe te mogen?" Natuurlijk wist Julian dat nog, alsof het gisteren was gebeurd. De pijn van die herinnering was nog vers. "Ja, dat weet ik nog," antwoordde hij zacht.

"Ik moest eerst die ouderlijk gezagspapieren regelen en aan mevrouw Jansen geven, voordat ik weer contact met je mocht opnemen," legde zijn vader uit. "Die papieren zijn nu eindelijk geregeld en ik heb mijn gezag aan kunnen tonen, daarom bel ik je ook!"

Julian voelde een plotselinge opluchting, alsof een zware last van zijn schouders viel. "Dus nu mag ik wel naar je toe?" vroeg hij opgetogen, zijn ogen glinsterend van hoop en opkomende tranen.

"Ja, Julian je mag nu eindelijk een weekend naar ons toe," bevestigde zijn vader. De emotie in zijn stem was onmiskenbaar. Het telefoontje veranderde alles voor Julian. Wat begon als een gewone middag, eindigde in een storm van emoties en nieuwe mogelijkheden.

Voor het eerst in lange tijd voelde hij weer hoop en zich verbonden met zijn vader; een gevoel dat hij al die jaren had gemist.

De rest van de dag bracht hij door in een waas van opwinding en opluchting. Mevrouw Jansen zag de verandering in hem en glimlachte tevreden. Ze wist hoe belangrijk dit moment voor hem was. Julian had veel vragen en er waren nog veel dingen die hij nog steeds niet begreep.

Maar één ding was zeker: zijn vader wilde hem dus toch zien. Hij was al die tijd met die papieren bezig geweest en Julian dus niet vergeten! Zijn vader gaf dus WEL om hem! En die gedachte stemde Julian opgetogen en vrolijk.

Ondanks dat Natas er alles aan probeerde te doen om tegen te houden dat Julian naar zijn vader kon lukte haar dit niet vanwege het gezag dat Brian had aangetoond. Het gezag dat ook hij over Julian had en hij dus ook het recht had om Julian te zien.

Natas eiste ineens dat Julian elk weekend bij haar thuis zou zijn, zelfs al was dat nooit eerder het geval geweest en liet ze Julian de meeste weekenden gewoon op de groep zitten. Ze ging zelfs zo ver dat ze Brian woedend opbelde en hem toebeet waar hij het lef vandaan haalde om buiten haar toestemming om contact te hebben met Julian, hij te labiel was om met Julian om te gaan en eiste dat Brian uit de buurt van Julian zou blijven.

Brian bleef kalm en antwoordde rustig: "Jij hebt hem al die jaren bij me weggehouden, dat weet jij net zo goed als ik, jij bent met de noorderzon vertrokken zonder dat ik wist waar hij was en Julian heeft zelf contact met mij opgenomen. Dat neemt niemand meer van mij af."

"Wacht maar jij" beet ze hem toe.

"Wacht maar, tot het moment dat ik ze vertel dat jij de papieren van het ouderlijk gezag hebt vervalst; dan piep je wel anders" krijste ze hem toe.

Nog voor Brian met ingehouden woede kon antwoorden, dat de papieren die hij had opgevraagd niet vervalst waren, maar dat zij degene was die één-oudergezag vervalst had en hij niet wist waar ze die onzin vandaan haalde, verbrak Natas abrupt de verbinding.

Maar de strijd was nog niet voorbij. Natas zette alles op alles om te voorkomen dat Brian en Julian een band konden opbouwen. Ze probeerde via haar manipulatieve spelletjes en leugens over Brian; zijn verstandelijk beperkte vermogen om voor Julian te zorgen, maar ook over mishandelingen die in het verleden hadden plaats gevonden, de begeleiders zover te krijgen dat ook zij Julian niet naar zijn vader zouden laten gaan.

Gelukkig was daar Mevrouw Jansen. Ze was niet onder de indruk van de manipulatieve spelletjes van Natas. De keren dat zij Brian had gezien en gesproken kwam hij over als een alleraardigst, rustige en verstandige vader; die het beste voorhad met zijn zoon en die ook de taak op zich had genomen om haar te voorzien van zijn ouderlijk gezag.

Mevrouw Jansen begreep de behoefte van Julian na alles wat ze al met hem had meegemaakt en in zijn dossiers had gelezen. Ergens had ze medelijden met deze knul die een leven leidde door de manipulatie en macht die zijn moeder uitoefende en waar zij 'als zorginstelling' niet veel aan konden doen.

Maar dit keer kon ze wel iets voor Julian betekenen en ze zorgde er dan ook voor dat, ondanks Natas' pogingen om dwars te liggen, Julian het weekend naar zijn vader kon. Het gaf Brian en Julian de kans om een relatie op te bouwen. Iets wat geen enkele daad van Natas nog kon breken.

Het werd het weekend dat zijn leven zou veranderen. Julian, stond op het punt een reis te maken die hem naar nieuwe gezichten en onbekende emoties zou leiden. Hij had weken naar dit moment uitgekeken, gespannen en opgetogen tegelijk. Nu was het eindelijk zover; het weekend waarin hij zijn vader weer zou zien en zijn nieuwe familie zou ontmoeten, stond voor de deur.

##22##

De lucht was doordrenkt met een mengeling van hoop en angst toen Julian door het raam van de instelling keek. Hij zag de lange, donkere auto van zijn vader langzaam de oprit opdraaien. Zijn hart begon sneller te kloppen en zijn handen voelden klam aan. Hij ademde diep in, probeerde zijn zenuwen te kalmeren, en toen ... sprintte hij naar buiten.

"HI PAP!" riep hij, zijn stem vol vreugde en opluchting toen zijn vader uitstapte. "Hey vriend, heb je er een beetje zin in?" vroeg Brian met een warme glimlach.

"Jazeker, maar ik vind het ook super spannend," antwoordde Julian eerlijk. Brian legde een geruststellende hand op Julians schouder. "Dat begrijp ik, jongen. Het komt goed, we maken er een mooi weekend van."

De autorit leek eindeloos, alsof de tijd zich uitstrekte en de kilometers zich vermenigvuldigden. Julian keek uit het raam, zag het landschap aan zich voorbij trekken, maar zijn gedachten waren bij wat hem te wachten stond. Hoe dichter ze bij Brabant kwamen, hoe meer de zenuwen de overhand namen.

Zou Danique, de vrouw van zijn vader, aardig zijn? En wat te denken van zijn bonuszusjes, Aimee en Amber? Zijn vader had hem verzekerd dat ze geweldig waren, maar Lucas had hem gewaarschuwd voor zusjes. Die waren volgens hem altijd stom en irritant.

"Hé pap, hoe zijn Aimee en Amber eigenlijk echt? Zijn ze net zo cool als jij zegt?" vroeg Julian aarzelend. Brian lachte. "Ze zijn geweldig, Julian. Geef ze een kans, oké? Ze kijken er echt naar uit om je te ontmoeten." De onzekerheid bleef knagen. Wat als hij het daar helemaal niet leuk zou vinden?

Wat als zij hem niet leuk zouden vinden? Wat als hij zich daar net zo verloren voelde als thuis of in de instelling?

Honderden gedachten flitsten door zijn hoofd en elke kilometer die hen dichter bij hun bestemming bracht, leek zijn zenuwen verder op de proef te stellen. Eindelijk, na wat voelde als een eeuwigheid, draaiden ze de straat in waar zijn vader woonde.

Julian zag drie figuren staan, wachtend bij de voordeur. Danique, met haar vriendelijke en warme glimlach en naast haar Aimee en Amber. Ze zwaaiden enthousiast toen ze de auto zagen naderen.

"Daar zijn ze," zei Brian, met een geruststellende knipoog naar Julian.

Julian slikte, voelde een golf van emoties door zich heen spoelen en stapte langzaam uit de auto. "Wauw," fluisterde hij zachtjes voor zichzelf, terwijl hij naar de drie nieuwe gezichten keek die hem verwelkomden met open armen.

Met elke stap die Julian zette, elke nieuwe glimlach die hij ontving, groeide zijn vertrouwen. En zo begon een nieuw hoofdstuk in zijn leven, een hoofdstuk vol belofte en mogelijkheden die hij zich nooit had durven voorstellen.

Danique, de vrouw van zijn vader, was zo lief en warm. Haar humor en de aanstekelijke lach maakten de hele situatie minder beladen. Ze knuffelde hem herhaaldelijk, iets wat hij niet gewend was van zijn moeder of de instelling. Eerst voelde het onwennig, maar stiekem vond hij het heerlijk.

Zijn bonuszusjes waren meteen vriendelijk en nieuwsgierig. Ze lieten Julian hun kamers zien en gaven hem een rondleiding door het huis.

Als klap op de vuurpijl had hij zelfs zijn 'eigen' kamer. Een plek helemaal ingericht zoals hij het leuk vond, met posters van zijn favoriete bands en een bureautje waar hij kon tekenen. Het voelde vreemd vertrouwd, alsof hij altijd al deel had uitgemaakt van dit gezin.

's Avonds, liggend in bed, staarde Julian naar het plafond. Zijn gedachten flitsten heen en weer tussen de ontmoeting en het warme welkom van Danique en zijn bonuszusjes. Zo voelt het dus om ergens welkom te zijn en bij een gezin te horen, dacht hij en hield Pluis stevig vast. Een golf van geluk overspoelde hem en hij moest zichzelf in de arm knijpen om te geloven dat dit echt gebeurde.

De volgende ochtend voelde hij zich fris en vol energie. De spanning was verdwenen en had plaatsgemaakt voor oprechte blijdschap. Ze hadden plannen om naar de Drunense Duinen te gaan, een activiteit waar Julian heel enthousiast van werd.

De zon scheen fel toen ze aankwamen bij de Drunense Duinen. Julian en zijn bonuszusjes renden door de uitgestrekte zandvlaktes, lachten en rolden de zandbergen af. Het voelde bevrijdend, alsof hij alle zorgen van de afgelopen jaren achter zich kon laten in het zand. Brian en Danique stonden stralend toe te kijken en genoten zichtbaar van het plezier van hun kinderen. Ze hadden picknickmanden meegebracht en samen aten ze boterhammen en dronken limonade.

De gesprekken waren luchtig en vrolijk en Julian voelde zich voor het eerst in lange tijd echt gelukkig en geaccepteerd. Toen ze terugreden naar huis, voelde Julian een diepe tevredenheid. Dit weekend had meer voor hem betekend dan woorden konden uitdrukken. Het was een nieuw begin, een kans om de weg naar een gelukkiger leven in te slaan, omringd door mensen die hem waardeerden en liefhadden.

Brian, Danique, Aimee en Amber hadden hem niet alleen een huis gegeven, maar ook een thuis. Een plek waar hij zich veilig en geliefd voelde. Julian wist dat er nog veel uitdagingen zouden komen, maar met deze liefdevolle familie kon hij de wereld aan.

Het eerste weekend bij zijn vader verliep tot nu toe geweldig. En terwijl hij met een glimlach in slaap viel, kon hij alleen maar dromen over de vele mooie dagen die zouden volgen.

##23##

Op zondag brachten Brian, Danique, Aimee, Amber en Julian een bezoek aan zijn grootouders. De ouders van zijn vader, die hij ook al de jaren niet gezien had. Met klamme handen stapte Julian het huis van zijn grootouders binnen, een plek die ooit vertrouwd was, maar nu doordrongen van een vreemd soort spanning.

Bij de drempel werd hij meteen verwelkomd door een overweldigende omhelzing van zijn oma. Haar zilvergrijze haar kietelde zijn gezicht terwijl ze hem stevig tegen zich aandrukte, met tranen in haar ogen. "Julian, mijn jongen, wat ben ik blij je te zien. We hebben je zo gemist," fluisterde ze met een stem die trilde van emotie.

Even kon Julian niets anders doen dan zich vasthouden aan haar warmte, zich afvragend hoe het mogelijk was dat hij dit gemis nooit eerder had gevoeld. Toen hij zijn ogen opende, stond zijn opa voor hem, een joviale lange man met een warme glimlach. Zijn ogen straalden een zekere tevredenheid uit terwijl hij Julian op de schouder klopte. "Welkom, knul," zei hij simpelweg, zijn stem doordrenkt met een diepe, vaderlijke tederheid. Julian knikte, nog steeds omhelst door zijn oma, en wierp een blik over haar schouder naar de woonkamer.

Daar, in de met zon overgoten ruimte, zaten meer mensen dan hij had verwacht. Bekende gezichten, maar ook vage herinneringen: zijn oom Fabian, zijn tante Liza, en zijn twee neefjes die hij nauwelijks nog kende.

Zelfs de oom en tante van zijn vader waren er. Ze waren er allemaal, hun ogen glanzend van tranen, alsof ze wachtten op deze eenwording. "Zijn die er allemaal voor mij?" vroeg Julian zich af, terwijl zijn hart sneller begon te kloppen. "Hebben ze me allemaal zo gemist?"

Het was een gedachte die hem verwonderde en verwierp tegelijk. Zijn hele leven was hij in de veronderstelling geweest dat niemand van vaderskant om hem gaf. Zijn moeder had hem dat immers altijd verteld.

Terwijl hij verder de kamer in liep, voelde hij een mengeling van emoties door zich heen razen; verbazing, ontroering, maar ook een zekere bitterheid. Zijn neefjes sprongen van de bank op en liepen naar hem toe, hun gezichten stralend van opwinding.

Oom Fabian stond op en omhelsde hem stevig, terwijl tante Liza zijn hand vastpakte en hem met vochtige ogen aankeek. "We hebben je zo gemist, Julian," zei ze zachtjes, haar stem gevuld met oprechte ontroering.

Julian stond midden in de kamer, omringd door familieleden die hem liefdevol aanstaarden. Zijn hart voelde zwaar, als een spons die te vol was gelopen met emoties.

Hoe had hij nooit geweten hoe groot hun liefde voor hem was? Waarom had hij al die jaren in de veronderstelling geleefd dat hij er niet toe deed voor deze mensen?

Het was zijn oma die de stilte doorbrak. Ze nam hem weer bij de hand en leidde hem naar de grote, met foto's beladen kast aan de zijkant van de kamer. Foto's van verjaardagen, vakanties, en alledaagse momenten.

Julian zag zichzelf als kind, lachend op verschillende foto's, zijn vader naast hem met een trotse glimlach. "We hebben altijd op je gewacht, Julian," zei zijn oma, haar stem vastberaden. "En we zullen er altijd voor je zijn." Julian knikte, niet in staat om iets te zeggen.

Woorden leken niet voldoende om de diepte van zijn gevoelens over te brengen. Hij voelde een nieuwe warmte in zich ontwaken, een warmte die hij al zo lang had gemist.

Het is zondagavond en het einde van het eerste weekend bij zijn vader nadert voor Julian. Wat een warme en liefdevolle tijd was, staat op het punt om plaats te maken voor het koude gevoel van de instelling waar Julian verblijft. Deze avond brengt niet alleen het afscheid van zijn vader en zijn nieuwe gezin, maar ook een confrontatie met diepgewortelde emoties en verlangens.

De dagen waren voorbij gevlogen. Julian had nauwelijks de tijd gehad om alles in zich op te nemen: de liefdevolle warmte van zijn bonusmoeder, Danique, het vrolijke gelach van zijn nieuwe zusjes en de zorgzame aanwezigheid van zijn vader.

Het was een weekend vol nieuwe herinneringen en een vleugje van wat een gezinsleven zou kunnen zijn, maar de onvermijdelijkheid van de zondagavond drukte zwaar op zijn schouders.

Het avondeten was bijna ongemakkelijk stil. Iedereen leek te voelen wat komen ging. Julian prikte met zijn vork in zijn eten, zijn gedachten ver bij wat er op zijn bord lag.

Danique hield hem nauwlettend in de gaten. Ze zag de schaduw die over zijn gezicht viel en voelde het verdriet dat in de kamer hing.

Na het eten stond Brian op en raakte zachtjes Julians schouder aan. "Het is helaas tijd, jongen," zei hij met een stem die brak onder het gewicht van de woorden.

Stilletjes begon Julian zijn tas in te pakken. Elk kledingstuk dat hij opvouwde, voelde als een stukje van zijn hart dat hij achterliet.

Toen het moment daar was, kon hij het niet langer uitstellen. Hij moest afscheid nemen van Danique, Aimee en Amber. De meisjes omhelsden hem stevig, hun armen om zijn middel geslagen.

"Kom je snel weer?". Vroegen ze Julian.

Het was Danique die zijn hart het meest brak. Ze voelde aan dat er iets knapte in hem. "Julian, kom eens hier," zei Danique zachtjes, terwijl ze hem in een stevige knuffel trok. Het was alsof die omhelzing de laatste barrière doorbrak. Julian voelde de tranen opwellen en kon zijn emoties niet langer de baas.

Hij snikte, zijn hele lichaam schokte van het verdriet dat hij zo lang had opgekropt. "Ik wil niet terug daarheen," snikte hij. "Ik wil bij jullie blijven."

Danique streelde zachtjes door zijn haar en wiegde hem heen en weer, alsof ze de pijn kon wegmasseren. "Ik weet het, lieve schat. Wij zouden ook niets liever willen. Maar papa moet eerst een paar dingen regelen en ook toestemming krijgen van je moeder."

De woorden van Danique brachten een nieuwe golf van emoties teweeg. Julian voelde de woede opborrelen. "Dat gaat ze toch nooit geven!" riep hij uit, hevig geëmotioneerd. "Ik ben toch een mongool die in een instelling hoort!"

Danique was geschokt door zijn woorden, maar liet niets merken. "Nee, Julian. Je bent zoveel meer dan dat," zei ze met een vastberaden stem. "Je bent intelligent, liefdevol en ontzettend dapper. En we houden allemaal heel veel van je. Maar soms zijn de dingen ingewikkelder dan we zouden willen."

Brian, die het tafereel had gadegeslagen, stapte dichterbij en legde zijn arm om Julian heen. "We gaan er alles aan doen om je hier vaker te hebben, jongen. Dat beloof ik."

Het was een zware avond voor iedereen, maar vooral voor Julian. De rit terug naar de instelling was stil, enkel het geluid van de motor vulde de leegheid in de auto. Julian voelde de liefde en steun van zijn nieuwe gezin, maar het besef dat hij terug moest naar de koude realiteit van de instelling, maakte het afscheid des te moeilijker.

De emoties van die avond zouden niet snel vervagen, Julian wist nu dat hij ergens thuis hoorde, ook al was het nog niet permanent. En met die gedachte, hoe moeilijk ook, kon hij verder.

##24##

Het was een lange dag geweest. Brian had uren achter het stuur gezeten, de kilometers vretend van Brabant naar Groningen en weer terug. De rit was niet alleen fysiek uitputtend, maar ook emotioneel beladen. Julian, moest terug naar de instelling, waar hij al jaren verbleef, na een heerlijk weekend bij hem thuis en het afscheid viel Brian heel erg zwaar.

Toen Brian eindelijk laat in de avond thuiskwam, voelde hij een diep gevoel van vermoeidheid dat verder ging dan lichamelijke uitputting. Hij opende de deur en zag Danique op de bank zitten. Haar ogen waren op hem gericht en hij voelde een golf van warmte, liefde en steun, ondanks de zwaarte die op zijn schouders rustte.

De meisjes lagen al op bed, hun zachte ademhaling als een rustgevende achtergrond toen hij nog even snel bij ze ging kijken voor hij de woonkamer in liep.

"Kom zitten," fluisterde Danique, terwijl ze een kopje dampende koffie naar hem uitstak. Hij liet zich naast haar op de bank zakken, en terwijl hij de eerste slok nam, voelde hij de spanning van de dag langzaam wegsmelten.

"Wat vind je van Julian?" vroeg Brian voorzichtig, zijn ogen zoekend naar aanwijzingen in het gezicht van zijn vrouw.

Danique nam een moment om haar gedachten te ordenen voordat ze antwoordde. "Ik weet niet waar die klinkklare onzin over hem vandaan komt," begon ze met een vurige blik in haar ogen. "Julian is alles behalve verstandelijk gehandicapt, laat staan autistisch!" Haar stem trilde van woede en frustratie. "Zes jaar? zeggen ze dat hij verstandelijk gehandicapt is? zijn ze nou helemaal gek?" reageert ze bijna boos.

Brian voelde een echo van haar woede in zichzelf, maar tegelijkertijd was er ook een diepe verdrietigheid. "Nee, ik geloof het ook niet," antwoordde hij zachtjes, zijn ogen vochtig van opkomende tranen. "Maar het staat blijkbaar wel op papier."

Daniques hand drukte stevig op zijn arm. "Dan ga je die papieren opvragen, want er klopt hier helemaal niks van. Julian moet daar weg en dan komt hij maar bij ons wonen en snel ook; Hij verdient een kans op een normaal leven, want hij is alles behalve wat ze zeggen dat hij is."

De woorden van Danique resoneerden in de stilte die volgde. Voor het eerst, voelde Brian een sprankje hoop, maar nog zo ontelbaar meer liefde voor zijn vrouw. Misschien was er een weg uit deze nachtmerrie, een manier om het leven van zijn zoon te veranderen en hem de toekomst te geven die hij verdiende.

Ze zaten samen in de stille kamer, de nacht omhelsde hen als een beschermende deken.

De koffie was inmiddels koud geworden, maar hun vastberadenheid was ijzersterk. Ze wisten dat ze een lange weg voor de boeg hadden; een weg vol bureaucratische obstakels en tegenwerking.

Maar ze wisten ook dat ze dit samen zouden doen, voor Julian. De beslissing van Brian en Danique markeerde een keerpunt. Het was een moment van helderheid te midden van de verwarring en pijn die ze hadden gevoeld.

Ze waren bereid om te vechten voor Julian, om hem de kans te geven die hij zo hard nodig had. Hun liefde en vastberadenheid zouden hun gids zijn in deze moeilijke, maar noodzakelijke reis. En hoewel ze niet precies wisten wat de toekomst zou brengen, wisten ze één ding zeker: Julian verdiende beter en ze zouden er alles aan doen om dat te bereiken.

##25##

In de dagen die volgende nam Brian contact op met mevrouw Jansen van de instelling waar Julian verbleef.

"Goedemorgen, mevrouw Jansen. U spreekt met Brian; de vader van Julian. We hebben een heerlijk weekend gehad met Julian, maar ik ben erg benieuwd wat er allemaal in zijn dossier staat."

"Zou u mij het dossier van Julian kunnen toesturen?" vroeg Brian, zijn stem kalm maar vastberaden.

Mevrouw Jansen, die het hele verhaal al van Julian had gehoord hoe fijn hij het het weekend had gehad, maar ook het verdriet in Julians stem voelden dat hij weer terug naar de instelling moest, gaf Brian te kennen dat ze hem slechts een deel van het dossier kon sturen.

"De rest kunt u opvragen bij de afdeling WMO van de gemeente", voegde ze eraan toe, terwijl ze hem het e-mailadres doorgaf. Brian voelde een sprankje hoop. Misschien was dit de doorbraak die hij nodig had om Julian bij hun thuis te krijgen.

Hij mailde direct de afdeling WMO en wachtte gespannen op hun antwoord.

Echter, de reactie die hij de volgende dag ontving, sloeg zijn optimisme in één klap aan diggelen.

'Geachte heer, Helaas kunnen wij uw verzoek niet inwilligen. Uw ex-vrouw heeft geen toestemming gegeven om het dossier van Julian met u te delen, aangezien u geen gezag zou hebben. Wij kunnen dus niet voldoen aan uw verzoek tot informatie.'

De woorden leken als een koude douche over hem heen te komen. Zijn hart bonkte in zijn borst en woede borrelde op.

Hoe kon dit gebeuren? Hoe kon zijn ex-vrouw iedereen zo misleiden? Brian voelde zich verraden en bespeeld, maar begreep ook gelijk dat hij, en zeker Julian, in een smerig spel van zijn ex terecht was gekomen.

Met trillende handen typte hij een antwoord. Hij sloot een kopie van zijn gezagsbrief bij en eiste dat het dossier van Julian per direct naar hem opgestuurd zou worden. 'Dit is belachelijk,' dacht hij. 'Wat voor vieze manipulatieve spelletjes heeft Natas gespeeld? Hoe heeft ze iedereen zo om de tuin kunnen leiden?' Die nacht lag Brian lang wakker, zijn gedachten een wirwar van angst, kwaadheid en verdriet. Hij voelde zich machteloos, gevangen in een web van leugens en bureaucratische obstakels.

De zoon van wie hij zoveel hield, leek verder weg dan ooit. Wat als hij hem niet kon helpen? Wat als de waarheid nooit aan het licht kwam? Maar Brian was niet iemand die gemakkelijk opgaf.

Zijn liefde voor Julian en de steun van zijn vrouw gaf hem de kracht om door te gaan, om te vechten tegen de onrechtvaardigheid en de leugens van zijn ex-vrouw.

Hij wist dat hij door moest zetten, hoe moeilijk het ook werd; al zou het zijn dood worden! Hij moest de waarheid vinden, voor Julian, en voor zichzelf.

Het was een gewone doordeweekse ochtend toen de bel ging. Brian, die net een kop koffie had gezet en zich voorbereidde op een lange werkdag, werd afgeleid door het geluid.

Hij keek uit het raam en zag de postbode staan met een dikke envelop in zijn handen.

Na een week van onzekerheid en frustratie vond deze onverwachte wending plaats. Deze envelop zou alles veranderen.

Brian liep naar de voordeur en bedankte de postbode. De dikke envelop voelde zwaar in zijn handen, alsof het de last van jarenlange bureaucratie en misverstanden met zich meedroeg. Hij opende de envelop voorzichtig en vond een begeleidende brief, waarin excuus op excuus werd aangeboden.

De gemeente Groningen had eindelijk erkend dat Brian gezag over zijn zoon Julian had, ondanks eerdere misverstanden waaruit bleek dat alleen de moeder gezag had en geen toestemming verleende. Dit was een belangrijke overwinning voor Brian, maar wat hem nu te wachten stond, kon hij nog niet bevatten.

Met een zekere spanning opende Brian de stapel documenten in de dikke envelop.

Even liet hij de bladmuziek van bureaucratische taal op zich inwerken: medische rapporten, evaluaties van psychologen, verslagen van begeleiders en leerkrachten. Elk document was een stukje van de complexe puzzel die 'Julian' heette.

Julian, zijn zoon, die hij door een muur van misverstanden en wantrouwen jaren niet te zien kreeg; tot nu. Brian voelde een mengeling van verontwaardiging en woede toen hij verder las.

Hierin stonden allerlei diagnoses die Julian door de jaren heen had gekregen: ADHD, autisme, gedragsstoornissen en een verstandelijke beperking van een 6 jarige met een hoge dosering aan medicaties.

Hij probeerde het te begrijpen wat hij snel las. 'Hoe kon dit?' vroeg Brian zich verward af, want het 5 jarige jongetje die jaren geleden achter bleef bij zijn moeder en het 8 jarige jongetje wat hij voor het laatst gezien had was in zijn ogen volkomen normaal.

Maar ook de nu 14 jarige leuke, lieve spontane en sociale puber die Julian bij hun was, toonde geen enkele vorm van een verstandelijke beperking of autisme. Laat staan een gedragsstoornis. Nee, juist het tegenovergestelde. Hij was slim, liefdevol en sociaal.

Hij probeerde zich een beeld te vormen van de storm van emoties en uitdagingen waarmee zijn zoon dagelijks te maken had.

Het was alsof hij voor het eerst een inkijk kreeg in Julians leven, niet alleen als zijn zoon, maar ook als een jong individu met een uniek en gecompliceerd leven.

Terwijl Brian de stapel papieren aan de kant schoof, keek hij naar zijn telefoon. Julian had die ochtend een bericht gestuurd met de vraag of hij het aankomende weekend weer bij zijn vader mocht doorbrengen.

Brian stuurde direct een mail naar de instelling met de vraag of Julian het aankomende weekend weer bij hun mocht komen. Brian voelde een steek door zijn hart toen hij het antwoord van de instelling las: Julian mocht pas het volgende weekend komen, omdat zijn moeder hem dit weekend wilde zien.

Brian herleefde in gedachten de laatste keer dat Julian bij zijn moeder was geweest. Het was een bezoek dat eindigde in een golf van teleurstelling en verdriet voor de jongen.

'Welke spelletjes speelde zijn ex met als inzet het leven van zijn zoon,' dacht Brian grimmig.

Hij voelde zich machteloos, gevangen tussen zijn verlangen om voor zijn zoon te zorgen en de juridische beperkingen die hen nog steeds in de weg stonden.

26

Het weekend was aangebroken en met de teleurstelling dat hij niet naar zijn vader mocht het weekend, maar naar zijn moeder moest, voelde Julian zich niet opgelucht dat hij een weekend uit de instelling was. Integendeel, hij voelde een knoop in zijn maag.

De stilte in de auto op weg naar het huis van zijn moeder was oorverdovend en hij vroeg zich af welke versie van zijn moeder hij dit keer zou tegenkomen. Het was als het openen van een doos van Pandora—je wist nooit wat eruit zou komen.

Zodra Julian thuis was, merkte hij hoe gespannen de sfeer was. Hij liep op eieren, bang om iets verkeerds te zeggen of te doen wat zijn moeder zou kunnen triggeren.

De herinnering aan haar uitbarsting de vorige keer zat nog vers in zijn geheugen en hij wilde ten koste van alles vermijden dat dit opnieuw zou gebeuren. Hij hield zich gedeisd, sprak alleen als het nodig was en probeerde haar aanwezigheid zoveel mogelijk te vermijden.

Hij sloop de trap op, zijn voetstappen zo licht als de veren van een vogel die zich klaarmaakt voor de vlucht. De deur van zijn kamer bood een tijdelijke schuilplaats, maar Julian wist dat hij niet de hele avond zou kunnen ontsnappen.

Toen Julian later die avond naar beneden ging om een glas water te halen, gebeurde het onvermijdelijke. Terwijl hij langs de kast liep, raakte zijn elleboog de vaas die er wankel op stond. In een fractie van een seconde zag hij het gebeuren: de vaas wiebelde, viel om, en brak met een oorverdovend geluid in stukken op de grond.

Voor een moment voelde hij niets anders dan een ijzige leegte. Het volgende moment was gevuld met schreeuwende woorden; woorden die snerpend door de lucht vlogen en zich in zijn ziel boorden.

"Jij bent nergens goed voor!" "Een mongool ben je; ze zouden je 24/7 moeten opsluiten!" Zijn moeders gezicht was verwrongen van woede met in haar ogen kolkende lava. Ze sleurde hem bij zijn haren mee, door de keuken, de achterdeur uit, naar de schuur.

"Zo, dit is jouw kamer voor de rest van het weekend," zei ze met een vals lachje en sloeg de deur met een klap dicht. Julian bleef achter in de koude, donkere schuur, alleen met een versleten dekentje en zijn tranen als gezelschap.

De betonnen vloer was hard en ongenadig, net als de woorden van zijn moeder die nog in zijn hoofd naklonken. Hij trok het dekentje om zich heen, maar het bood nauwelijks troost tegen de kou die niet alleen van buiten kwam, maar ook van binnen.

Huilend dacht hij: "Waarom hebben ze mij gemaakt als ze toch niet van mij houd?" Het was een vraag zonder antwoord; een pijn zonder remedie.

De uren in de schuur sleepten zich voort, elke minuut voelde als een eeuwigheid. Julians gedachten dwaalden af naar de instelling waar hij doordeweeks verbleef. Daar was het niet perfect, verre van zelfs, maar het bood tenminste een zekere mate van veiligheid en waardigheid die hij thuis bij zijn moeder miste.

Toen de zondagavond eindelijk aanbrak en Julian terug kon naar de instelling, voelde hij een vreemd soort opluchting. Het was alsof hij ontsnapte uit een gevangenis, al wist hij dat hij uiteindelijk altijd weer terug zou moeten keren; waardoor Julian ook wijselijk zijn mond hield terug aangekomen op de groep.

Immers zou niemand hem geloven wat daar gebeurde, want hij was de jongen met de zware diagnoses en verstandelijke beperking; die gingen ze niet geloven boven de leugenachtige verhalen die zijn moeder elke keer uit de doeken deed als ze hem weer terugbracht.

De schuur was een tijdelijke hel, maar de echte gevangenis was de plek die hij zijn thuis moest noemen. In die donkere uren had Julian een pijnlijke waarheid ontdekt: soms is de plek waar je het meest geliefd zou moeten zijn, de plek waar je het meest gebroken wordt.

En toch, ondanks alles, bleef er in een klein hoekje van zijn hart een sprankje hoop. Hoop dat er ooit een dag zou komen waarop hij zichzelf niet langer zou moeten verstoppen en bij zijn vader kon gaan wonen, waar hij gewoon Julian kon zijn, zonder angst of pijn.

Dat sprankje hoop hield hem op de been en dat was belangrijker dan alles wat hij ooit had geleerd.

##27##

De weekenden bij zijn vader zijn een verademing. Vanaf het moment dat hij de voordeur binnenstapt, voelt Julian de warme, uitnodigende sfeer die zijn vaders huis vult.

Ze kijken films, ondernemen leuke dingen, speelt met zijn bonuszusjes en lachen en praten, totdat de sterren aan de hemel staan.

Zijn vader en bonusmoeder zijn altijd geïnteresseerd in wat Julian te zeggen heeft, of het nu gaat over de dagbesteding, zijn hobby's of zijn dromen. Hier voelt Julian zich geliefd, gehoord en vooral thuis. Maar dan komt de zondagavond, en daarmee het onvermijdelijke afscheid.

Julians maag draait om als de tijd aanbreekt om terug te keren naar de instelling en vooruit kijkt naar het weekend erop; naar de koude, afstandelijke wereld van zijn moeder. Hij weet wat hem te wachten staat en het vooruitzicht vult hem met een diep gevoel van angst en hopeloosheid. Bij zijn moeder thuis is de sfeer ijzig en gespannen. De liefdevolle woorden en warme knuffels die hij bij zijn vader krijgt, worden hier vervangen door kleineringen en koude blikken.

Het lijkt wel of zijn moeder Julian straft voor zijn weekenden bij zijn vader, "Als je vader zou weten hoe je werkelijk bent,denk dan maar niet dat hij je ooit nog wil zien" zegt ze scherp, elke keer als hij een stap verkeerd zet.

De straffen zijn extreem en variëren van langdurige opsluiting in de schuur tot het dichtknijpen van zijn keel waardoor het hem elke vorm van lucht ontneemt. Elke poging tot verzet wordt direct de kop ingedrukt met dreigementen en nog strengere maatregelen en de mededeling dat hij onhandelbaar en agressief is.

Julian voelt zich machteloos, gevangen in een cyclus van angst en onderdrukking. Na elk weekend bij haar klaagt zijn moeder steen en been bij de begeleiding van de instelling. Ze schetst een beeld van een onhandelbare, brutale jongen die haar het leven zuur maakt.

Ze liegt zonder enige schaamte, wetende dat haar woorden meer gewicht hebben dan die van een inmiddels 15 jarige jongen met een zware VG6 diagnose.

"Julian was weer onmogelijk dit weekend, ik heb hem weer moeten fixeren om in bedwang te houden, hij was zo agressief" zegt ze met een gespeeld emotionele zucht tegen de begeleiders, terwijl zij in werkelijkheid degene is die het leven van Julian ondraaglijk maakt.

Julian weet dat hij moet zwijgen. Elke keer als hij bij zijn vader is, overweegt hij om de waarheid te vertellen. Maar de angst voor de repercussies houdt hem stil.

Hij weet dat, als zijn moeder erachter komt dat hij iets heeft gezegd, haar straf alleen maar groter zal zijn. Dus houdt hij zijn mond, verstopt zijn verdriet en pijn diep vanbinnen, en glimlacht dapper door de dagen heen.

In een huis waar stilte harder kan schreeuwen dan woorden, probeerde Julian te overleven. Als een jongen die gevangen zat tussen twee werelden, had hij slechts enkele momenten van vrede die hij koesterde.

Zijn weekenden bij zijn moeder waren een nachtmerrie waaruit hij maar niet kon wakker worden, terwijl de dagen bij zijn vader een klein venster van licht en warmte boden.

Maar de balans, hoe fragiel ook, begon te wankelen. De maanden vloeiden in elkaar over als een eindeloze grijze stroom.

Voor Julian was het meer dan dat; het was een dagelijkse strijd tussen overleven en ademen.

In de weekenden bij zijn moeder voelde hij zich als een schip zonder anker, voortdurend geslagen door de storm. De muren van zijn kamer, de enige getuigen van zijn pijn, vertelden een verhaal van gebalde vuisten en verscheurde huid.

Julian sprak niet. Niet over de pijn; niet over de machteloosheid die hem verteerde. Praten was gevaarlijk.

In de weken, nadat hij terugkeerde van een weekend bij haar, explodeerde de woede in zijn binnenste. Zijn knokkels werden blauw en gezwollen van het slaan op muren, zijn armen versierd met sneden die hij zelf aanbracht.

Hij kon deze gevoelens nergens kwijt, de muren van zijn kamer werden zijn klankbord. Het was een vicieuze cirkel: hoe meer pijn hij voelde, hoe harder hij sloeg, hoe krachtiger de uitbarsting. De begeleiders, onwetend van de echte oorzaak, schreven het toe aan zijn VG6-diagnose; zijn gedragsstoornis.

Maar dan waren er die magische weekenden bij zijn vader. Een haven van rust, warmte en onvoorwaardelijke liefde. De geur van gebakken pannenkoeken op zaterdagavond, het geluid van gelach en de omhelzing van een vader, bonusmoeder en zusjes die niets liever wilde dan Julian gelukkig zien.

Deze momenten waren voor Julian als zuurstof voor een verstikkend hart. Na zo'n weekend was hij weer een beetje heel, een beetje minder gebroken.

De begeleiders zagen het contrast, maar ze begrepen het niet. Ze namen aan dat het simpelweg de grillen van zijn stoornis waren.

De situatie werd steeds nijpender. Julians moeder, wanhopig om haar façade te behouden, manipuleerde de begeleiders. Ze overtuigden hen dat Julians uitbarstingen een teken waren dat hij intensievere zorg nodig had, dat VG7 - een gesloten instelling - de enige optie was.

"Hij moet beschermd worden tegen zichzelf," zei ze met een schijnheilige bezorgdheid. Waarmee ze ook weet dat dit zou kunnen betekenen dat Julian nog verder van zijn vader en de stabiliteit die hij daar vindt, wordt verwijderd en dat is nou net wat ze ook voor elkaar wil krijgen.

De bemoeienissen van Brian was iets dat Natas ten koste van alles wilde voorkomen. Ze was een meester in manipulatie, haar woorden zoet als honing voor de begeleiders bij de instelling, maar bitter als gal voor Julian.

De begeleiders, niet wetende wat zich werkelijk afspeelde, begonnen het daar mee eens te worden gezien Julians gedrag op de groep.

28

Ondertussen bleef Brian in het ongewisse, niets wetend van het feit dat zijn ex met behulp van de begeleiders een VG7 aanvraag bij de gemeente hadden voorgelegd . Zijn ex hield stijf haar mond hierover terwijl de afspraak was dat Brian en Natas elkaar op de hoogte zouden houden van welke verandering dan ook.

De begeleiders hadden niet door dat Natas Brian nergens van op de hoogte hield en net als al die voorgaande jaren, ook nu achter zijn rug om alle belangrijke beslissingen alleen nam; vaak in het nadeel van Julian.

Julian durfde niets te vertellen dus ook daar kwam geen informatie vandaan.

Hij was bang voor de gevolgen, bang dat zijn moeder haar woede op hem zou koelen als ze erachter kwam. En zo zat Julian gevangen, geslingerd tussen de destructieve kracht van zijn moeder en de liefdevolle, maar machteloze armen van zijn vader.

Julians leven was een aaneenschakeling van momenten van pure wanhoop en kleine straaltjes hoop. De weekenden bij zijn moeder braken hem stukje bij beetje af, terwijl de tijd bij zijn vader hem net genoeg kracht gaf om door te gaan.

De begeleiders zagen slechts het oppervlak van zijn pijn, terwijl de echte oorzaak diep verborgen bleef.

De dreiging van een VG7-instelling hing als een donkere wolk boven zijn hoofd, aangedreven door de manipulaties van zijn moeder.

Het begin van de zomer bracht hoop voor Brian.

Hij had een aanvraag ingediend bij de instelling waar Julian verblijft, om zijn zoon drie weken mee op vakantie te nemen.

Tot Brians grote vreugde keurde de instelling zijn aanvraag goed.

Voor het eerst in lange tijd leek het alsof de dingen de goede kant op gingen.

Maar ook al keurde de instelling zijn aanvraag goed, Natas gaf geen toestemming en bleef onverbiddelijk.

Natas had altijd wel een manier gevonden om Brians plannen te dwarsbomen en dit keer was geen uitzondering.

Hoewel zij zelf nog nooit met Julian op vakantie was geweest en ze Julian op de groep liet zitten als ze zelf op vakantie ging, eiste ze nu dat hij met haar zou gaan.

Brian wist dat haar eisen meer te maken hadden met het dwarszitten van hem, dan met het welzijn van Julian.

De spanning liep op en het zag ernaar uit dat de situatie op een impasse zou uitlopen.

Na veel overleg, intense gesprekken en bemiddeling van Mevrouw Jansen viel dan eindelijk het besluit: Julian zou twee weken met zijn vader op vakantie mogen.

Hoewel het niet de volledige drie weken waren waarop Brian en Julian hadden gehoopt, was het een compromis waar ze mee konden leven.

De vakantie werd een mix van avonturen en rustige momenten, waarin ze als gezin genoten van elkaars gezelschap. Het leek alsof ze de werkelijkheid even konden ontvluchten, maar helaas bleek deze rust van korte duur te zijn.

##29##

Op een zwoele zomerochtend,tijdens hun vakantie, ontving Brian een email van de instelling. De schok sloeg in als een bom. In de email stond dat Julian na de vakantie overgeplaatst zou worden naar een gesloten instelling, vanwege een VG7-aanvraag.

Brian voelde een golf van woede en wanhoop over zich heen spoelen. Hoe kon dit gebeuren zonder zijn medeweten, laat staan zonder zijn toestemming?

Zonder een seconde te verspillen pakte Brian de telefoon en belde de instelling. Zijn woedende stem vulde de kamer terwijl hij zijn ongenoegen uitte over de manier waarop deze beslissing zonder zijn medewerking en medeweten was genomen.

Hij benadrukte dat hij net zoveel gezag had als Natas en dat haar 'vervalste' één-oudergezag niet langer genegeerd kon worden.

Hoewel hij zich vaak machteloos had gevoeld in zijn strijd tegen Natas' manipulaties wist hij dat hij het er dit keer niet bij zou laten zitten.

De vakantieperiode, die begon als een periode van gezelligheid en ontspanning was nu een gevoel van teleurstelling en angst.

Julian liep net het vakantiehuisje binnen toen hij de woede-uitbarsting van zijn vader hoorde aan de telefoon.

"VG7! Zijn jullie nou helemaal belazerd! Daar weet ik niks van en daar zou ik ook nooit mijn toestemming voor geven!" Brians stem werd met elke zin bozer en luider.

Julian voelde een koude rilling over zijn rug glijden en hij wist meteen dat het over hem ging. Dit kon niets goeds betekenen.

Hij probeerde zich te herinneren wat er een hele tijd geleden was gebeurd tijdens het gesprek met de psycholoog.

Zijn moeder en de psycholoog hadden het over een andere instelling gehad. Julian had niet veel aandacht besteed aan het gesprek, maar nu leek het cruciaal om elk detail op te halen.

Hij zocht koortsachtig op Google naar de naam van die instelling en zijn hart stopte toen hij de woorden 'gesloten inrichting' zag.

De grond leek onder zijn voeten weg te zakken. Zijn handen trilden en zijn ademhaling versnelde. Paniek overspoelde hem. "Nee, dit kan niet waar zijn," fluisterde hij tegen zichzelf. Julian was in shock en tranen stroomden over zijn gezicht. Wat had hij gedaan om dit te verdienen? Hij voelde zich verraden en alleen.

Brian hing de telefoon op en zuchtte diep. Zijn gezicht was een masker van frustratie en woede toen hij zich omdraaide. Hij zag Julian staan, een hoopje ellende met tranen in zijn ogen. Voor een moment leek Brian zijn woede te vergeten en zag hij enkel de angst van zijn zoon.

Hij liep naar Julian toe en trok hem in zijn armen om hem te troosten. "Nee pap, nee...," huilde Julian wanhopig in zijn armen. "Ik wil niet naar dat gesticht. Ik ben niet gek!" "kan ik niet bij jullie wonen, ik wil zo graag bij jullie wonen, laat me daar niet heen gaan pap" zei Julian zachtjes snikkend.

Het deed Brian pijn om zijn zoon zo te zien. Hij wist dat dit niets met Julian te maken had, maar alles met de manipulatieve invloed van zijn ex-vrouw.

"Julian, luister," begon Brian, maar hij wist niet precies hoe hij het moest uitleggen.

De complexiteit van de situatie en de machtsspelletjes van zijn ex-vrouw maakte het bijna onmogelijk om zijn zoon gerust te stellen.

"Julian, ik ben boos, omdat ik niks van deze plannen wist," zei Brian met een zachtere stem. "Je moeder heeft dit achter mijn rug om geregeld. Blijkbaar hoeft er maar 1 gezaghebbende een handtekening te zetten. Ik ga alles doen wat ik kan om dit tegen te houden, geloof me alsjeblieft."

Julian bleef snikken, niet helemaal gerustgesteld door zijn vaders woorden. Hij kende het patroon maar al te goed: zijn moeder, met haar leugenachtige en manipulatieve gedrag, had een manier om mensen, zelfs zijn vader, te bespelen.

"Maar pap, wat als ze niet naar je luisteren? Wat als ze me toch wegsturen?" vroeg Julian.

Brian klemde zijn kaken op elkaar. Het was een vraag waar hij geen eenvoudig antwoord op had.

"We zullen alles doen wat we kunnen," herhaalde hij uiteindelijk. "Maar nu moeten we sterk blijven. Samen."

##30##

Later die dag bespraken Brian en Danique het bewuste telefoontje en Julians smeekbede om bij hen te mogen wonen, in plaats van opnieuw te worden overgeplaatst naar een andere instelling; laat staan een gesloten instelling.

Danique hoefde over die vraag geen seconde na te denken. Haar antwoord was meteen duidelijk: "Ja, die jongen moet naar huis. Julian hoort daar niet, niet met VG6 en al helemaal niet met VG7."

Danique had vanaf de eerste keer dat ze Julian zag een slecht gevoel gehad over de diagnoses die op hem geplakt waren. Alles in haar zei dat hij een volkomen gezonde jongen was. Zijn angsten en paniekaanvallen leken meer een reactie op de omgeving en situaties waarin hij werd geplaatst, dan tekenen van een ernstige mentale aandoening.

"Maar," begon Brian voorzichtig, "jij weet net zo goed als ik dat mijn ex nooit toestemming zal geven dat hij eruit mag en bij ons mag wonen. Ze houdt hem in haar greep, alsof hij een pion is in haar spel." De pijn in zijn stem was voelbaar. "Dus hoe gaan we die strijd aan?"

Danique had geen pasklaar antwoord, maar haar vastberadenheid was onwankelbaar. Ze kende de manipulatieve tactieken van Brians ex ondertussen maar al te goed en wist hoe ze Julian als wapen gebruikte om hen te kwetsen.

Toch voelde Danique diep van binnen dat ze deze strijd moesten aangaan, voor Julian, maar ook voor Brian. "We zullen een manier vinden," zei ze vastberaden. "We kunnen hem niet aan zijn lot overlaten."

De dagen die volgden, waren gevuld met telefoontjes en mailtjes naar stichtingen voor de rechten van een kind, gesprekken met therapeuten en talloze nachten waarin Brian en Danique samen in bed lagen, hun zorgen fluisterend deelden in het donker. Ze probeerden de vakantie nog zo leuk mogelijk te maken, maar dit nieuws gaf er helaas een andere wending aan.

Brian voelde zich verscheurd tussen zijn plicht als vader en de constante dreiging van zijn ex, die elk moment kon toeslaan. Danique bleef echter de rots in de branding, haar ogen glinsterend van vastberadenheid en hoop.

Ondertussen werd Julian steeds angstiger. De diagnoses VG6 en VG7 - die stonden voor ernstigere vormen van gedragsstoornissen en paranoia - leken op hem te drukken als een zware last. Hij voelde zich steeds verder wegzakken in een moeras van onbegrip en isolatie.

Elke dag was een gevecht om zijn eigen identiteit te behouden, om niet volledig te worden verzwolgen door de labels die anderen hem hadden opgelegd.

Brian en Danique probeerden hem moed in te spreken, hem te laten voelen dat hij niet alleen was. "We vechten voor je, Julian," fluisterde Brian vaak.

"Wellicht krijgen we je nu nog niet gelijk thuis, maar we zullen er alles aan doen om te zorgen dat je niet naar de gesloten instelling hoeft . We zullen dit voor elkaar krijgen." sprak Brian vastberaden.

Het was tijdens een van deze dagen dat Julian iets cruciaal deelde en eindelijk eens iets los liet.

"Mam zegt altijd dat ik gek ben, dat ik ziek ben. En dat ik nergens goed voor ben. Maar ik voel me niet ziek of gek, pap. Ik voel me alleen maar heel verdrietig," zei hij met tranen in zijn ogen.

Dit moment van inzicht gaf Brian en Danique nieuwe moed. Ze begrepen dat het niet alleen een juridische strijd was, maar ook een emotionele en psychologische strijd voor Julians welzijn.

De strijd die Brian en Danique voerden, was er een van liefde, doorzettingsvermogen en moed. Ze wisten dat ze tegen een muur van bureaucratie en de manipulatieve krachten van Brians ex stonden, maar ze waren vastbesloten.

In hun hart wisten ze dat Julian een kans verdiende op een leven zonder de stigmatiserende labels die hem onterecht waren opgelegd.

De weg zou lang en vol hindernissen worden, maar hun vertrouwen in elkaar en hun onvoorwaardelijke liefde voor Julian maakte hen sterk. Ze geloofden dat ze, met geduld en vastberadenheid, de juiste oplossing zouden vinden.

##31##

De zon scheen slechts vaag door de ramen van hun huis, maar voor Brian leek het alsof er eindelijk een lichtstraal zijn pad verlichtte. Dagen hadden hij en Danique gevochten, niet alleen tegen het systeem, maar ook tegen de manipulatieve spelletjes van Natas.

Het had hem al zijn kracht en doorzettingsvermogen gekost, maar nu was er eindelijk een moment van overwinning; mede door de inzet van mevrouw Jansen.

De gesloten instelling, die als een donkere wolk boven Julian hing, was vervangen door een meer humane open instelling met 1-op-1 begeleiding.

Julian is nog niet thuis, maar de gesloten instelling was in ieder geval voorkomen. Dit was niet alleen een overwinning voor Julian, maar ook een persoonlijke triomf voor Brian.

Brian herinnerde zich nog goed de daaropvolgende dagen. Het was een race tegen de klok, met eindeloze telefoontjes, vergaderingen en papieren die ondertekend moesten worden.

Natas had met al haar leugens en manipulaties geprobeerd deze overplaatsing te saboteren. Ze wist dat een gesloten instelling haar meer macht en controle over Julian zou geven. Maar Brian bleef onvermurwbaar.

Hij had de waarheid aan zijn kant en, belangrijker nog, hij had de vastberadenheid om tot het bittere eind te vechten voor het welzijn van Julian. De dag dat hij eindelijk het verlossende telefoontje kreeg, herinnerde hij zich nog goed.

Het was laat in de middag toen hij hoorde dat Julian niet naar de gesloten instelling hoefde te gaan. Hij voelde een opluchting die hij in jaren niet meer had gevoeld. Het voelde niet alleen als een overwinning, maar ook als een bevestiging dat alle pijn, alle offers, en alle slapeloze nachten niet voor niets waren geweest.

De dagen die volgden waren gevuld met een mix van zenuwen en hoop. De nieuwe instelling bood Julian de mogelijkheid om in een veel positievere omgeving te herstellen. De 1-op-1 begeleiding was precies wat hij nodig had en bood Brian de kans en tijd om zijn strijd voort te zetten om Julian naar huis te krijgen.

Het was een plek waar hij kon leren omgaan met zijn woede en trauma's zonder de dreiging van isolatie of straf.

Met het naderen van de overplaatsing was er natuurlijk ook de pijn van afscheid. Julian zou zijn vriend Lucas moeten achterlaten, iemand met wie hij ondanks de moeilijke omstandigheden een sterke band had opgebouwd.

Maar misschien nog zwaarder was het afscheid van mevrouw Jansen, de begeleidster, die altijd als een bondgenoot voor Julian had gevoeld. Ze had hem gesteund op momenten dat niemand anders dat deed en had een rol gespeeld in het positieve keerpunt dat nu voor hem lag.

De dag van de overplaatsing zelf was beladen met emoties. Brian voelde een knoop in zijn maag toen hij Julian naar de auto begeleidde. Julian was stil, misschien ook overweldigd door de veranderingen die op handen waren.

Toen ze wegreden van de instelling, voelde het alsof ze een onzichtbare grens overgingen. Een grens tussen het verleden vol strijd en een toekomst vol mogelijkheden.

Bij aankomst in de nieuwe instelling werden ze verwelkomd door de nieuwe begeleider van Julian. De sfeer was minder klinisch, meer uitnodigend en een huiselijkere inrichting. Brian kon de opluchting in Julians ogen zien, zelfs al was het slechts een sprankje. Het was een lange, slopende reis geweest, maar dit moment markeerde een belangrijk keerpunt. Brian wist dat de strijd nog niet voorbij was; Natas zou blijven proberen om haar grip op Julian te verstevigen en de bureaucratie van de instellingen zou altijd een uitdaging blijven.

Maar voor nu hadden ze gewonnen. Ze hadden een veilige haven gevonden waar Julian kon genezen, groeien, en misschien zelfs bloeien.

Deze overwinning, hoe klein ook in het grotere geheel, gaf Brian de kracht om door te gaan. Hij wist dat hij er niet alleen voor stond en dat elke stap, hoe moeizaam ook, hen dichter bij een betere toekomst bracht. De strijd was nog niet over, maar met elke overwinning zoals deze, werd het licht aan het einde van de tunnel steeds een beetje helderder.

In de weken die volgden, werd het voor Brian en Danique steeds duidelijker dat het geen simpel klusje zou zijn om Julian bij hen thuis geplaatst te krijgen. De bureaucratische molens draaiden traag, en de persoonlijke obstakels waren nog groter. Julian was nog geen zestien, wat betekende dat er voor alles toestemming nodig was, van zowel zijn moeder als zijn vader.

Brian en Danique waren vastbesloten om Julian te helpen, maar ze stonden voor een muur van tegenstand en manipulatie. Brian zuchtte diep terwijl hij het zoveelste telefoontje van Natas negeerde.

Zijn ex-vrouw had een talent voor drama en het was alsof ze een abonnement had op zijn persoonlijke kwellingen. Ze wees elke poging om Julian te helpen resoluut van de hand.

Julian hoorde in een instelling en zeker niet bij een vader die net zo labiel was en waar Julian het van geërfd had volgens haar.

Haar telefoontjes waren een aaneenschakeling van verwensingen en dreigementen. Een vrouw die vastbesloten leek om alles en iedereen om haar heen te controleren en manipuleren; zelfs ten koste van haar eigen zoon.

Danique legde een troostende hand op zijn schouder. "We komen hier doorheen," zei ze zacht maar resoluut. Brian wist dat hij haar steun nodig had om door deze moeilijke periode te komen.

Het ware keerpunt kwam toen Brian een afspraak had met een psycholoog, die duidelijk maakte dat de enige echte kans om Julian uit de instelling te krijgen, een volledig nieuw diagnostisch onderzoek was.

Maar zolang Julian nog vijftien was, was er ook toestemming van Natas nodig. Julian zou over vijf weken zestien worden, en dan had hij geen ouderlijke toestemming meer nodig.

Brian en Danique besloten om dit nieuws met Julian te bespreken, het weekend dat hij weer bij hun was en te zien wat hij hier voor voelde. Julian luisterde aandachtig terwijl Brian uitlegde wat de psycholoog had gezegd en wat hun plan was.

"We moeten nog vijf weken wachten," zei Brian voorzichtig, "dan kun je zelf beslissen zonder toestemming van je moeder." Julians ogen vonden die van Brian. "Ik kan nog vijf weken wachten," antwoordde hij vastberaden. "Ik wil daar weg. Ik wil naar huis!"

Die vijf weken voelden als jaren. Elke dag leek langzamer te gaan, en elke contact met Natas was een nieuwe uitdaging. Ze bleef Brian lastigvallen, bedreigen en hem het gevoel geven dat hij een slechte vader was. Maar Brian hield vol, gevoed door de steun van Danique en de hoop die Julian in zijn ogen had getoond.

De dag van Julians zestiende verjaardag kwam eindelijk. Het was een eenvoudige maar liefdevolle viering omringt door zijn familie. Brian en Danique wisten dat de echte viering nog moest komen, wanneer Julian eindelijk naar huis kon komen.

Ze maakten een afspraak voor de nieuwe diagnostiek, wetende dat ze nu eindelijk zonder Natas' inmenging konden handelen.

De ingewikkelde wereld van zorginstellingen en budgetbeheerders kan een doolhof zijn van bureaucratie en onbegrip. Voor Brian en Danique was dit helaas geen verrassing meer.

Ze hadden al talloze obstakels moeten overwinnen in hun strijd om de waarheid over Julian aan het licht te brengen. Inmiddels was het CCE ook al ingeschakeld door de instelling, omdat Brian en Natas lijnrecht tegenover elkaar stonden rondom de situatie van Julian. Dit betekende dat er een jeugdbeschermingstafel zou komen, op kort termijn.

'Zij wil hem in een gesloten instelling; Hij wil hem een thuis vol liefde bieden.'

##32##

Nu stonden ze voor een nieuwe uitdaging: het financieren van een diagnostisch onderzoek dat zij als cruciaal beschouwden.

Brian had talloze telefoongesprekken gevoerd met het zorgkantoor, hopend op enige ondersteuning. Zijn geduld werd echter keer op keer op de proef gesteld. Het bericht dat de zorginstelling, die het volledige beheer over Julians budget had, geen noodzaak zag voor een nieuw diagnostisch onderzoek, was een klap in het gezicht van Brian.

Julian was immers al gediagnosticeerd, dus waarom een nieuwe evaluatie?

De instelling leek niet te beseffen hoeveel er op het spel stond voor Julian en zijn toekomst. "Het is niet eerlijk," verzuchtte Brian toen hij het slechte nieuws met Danique deelde. "Ze zien echt niet in wat dit voor Julian betekent."

Danique knikte instemmend. "We kunnen niet toestaan dat bureaucratie en onbegrip zijn toekomst bepalen. We moeten dit onderzoek zelf bekostigen, hoe lastig ook."

Na lang overleg besloten Brian en Danique om de kosten voor het diagnostisch onderzoek zelf te dragen. Ze wisten dat dit nog een zwaardere financiële last zou zijn met de kosten die ze al hadden, door het om de week ophalen en wegbrengen van Julian aan de andere kant van het land, maar de noodzaak voelde te groot om te negeren.

Julian had te lang in instellingen gezeten, gevangen in een diagnose die zijn leven beperkte. De enige manier om hem daaruit te bevrijden was door de waarheid naar boven te halen, ongeacht de prijs.

"Ik ben bereid om alles te doen wat nodig is," zei Danique vastbesloten. "Dit onderzoek moet er komen. Julian verdient de kans op een eerlijk leven." Samen planden ze de dag van het onderzoek met de psycholoog, zorgvuldig rekening houdend met een weekend waarin Julian bij hen verbleef.

Ze wilden dat hij zich zo comfortabel mogelijk zou voelen in deze cruciale fase; ook omdat zij allang doorhadden dat de omgeving waar Julian zich in bevond van invloed kon zijn op zijn uitslagen.

Als Julian de onderzoeken zou doen terwijl hij in de instelling verbleef, zouden er waarschijnlijk dezelfde uitslagen uitkomen als alle jaren daarvoor, gezien het feit dat bij elk onderzoek zijn moeder meeging en waar diagnoses werden vastgesteld die Brian en Danique niet vertrouwden.

Niemand, behalve de coördinator van de zorginstelling, wist dat Julian opnieuw getest zou worden.

Om het zo rustig mogelijk voor hem te laten zijn en vooral zijn moeder niet weer roet in het eten kon gooien, zoals ze altijd deed en probeerde te doen, wilde Julian dat 'niemand' het verder zou weten; zelfs de familie niet.

Nu kon hij zijn onderzoeken doen in een andere positievere omgeving met wellicht andere uitkomsten.

De ochtend van het diagnostisch onderzoek bracht een mix van hoop en zenuwen mee. Julian voelde zich gespannen maar ook vastberaden. Hij had jarenlang met het gevoel geleefd dat niemand hem echt begreep en nu zou de waarheid hopelijk boven tafel komen.

Hij wilde bewijzen dat hij niet degene was die zijn moeder en de instelling beweerden dat hij was. "Je kunt dit," zei Danique zachtjes terwijl ze een hand op zijn schouder legde. "We geloven in je, Julian." en gaf hem nog een bemoedigende knuffel.

Ook Brian gaf Julian nog een dikke knuffel en fluisterde in zijn oor "kom op jongen; Je kan het!"

Toen de psycholoog hem binnenriep om te beginnen, haalde Julian diep adem en ging vol concentratie aan de testen beginnen.

Elke vraag en elke taak voelde als een stap dichter bij de vrijheid die hij zo verlangde.

##33##

De wachttijd op een belangrijke uitslag kan aanvoelen als een eeuwigheid.

Voor Brian en Julian was deze periode al helemaal beladen met spanning en onzekerheid. Twee lange, zenuwslopende weken moesten zij wachten op de uitslag van Julians diagnostisch onderzoek.

Twee weken die ook in het teken stonden van een andere gebeurtenis, die als een dreigende schaduw over hen hing: de oproep voor de jeugdbeschermingstafel (JBT).

Brian en Julian hoopten vurig dat de uitslag van het onderzoek op tijd binnen zou zijn, zodat ze deze nog konden meenemen naar de JBT.

Dag na dag verliep in een soort van gespannen routine.

Brian en Danique, die al die tijd al een belangrijke steunpilaar voor Brian was, plozen elke avond tot diep in de nacht de dossiers door.

Ze zochten naar fouten en leugens die Brians ex-vrouw had verspreid over hem en Julian, met de hoop deze onjustheden recht te kunnen zetten tijdens het gesprek met de JBT. Het was een zware taak, zowel fysiek als emotioneel, maar het gaf hen ook een gevoel van controle in een verder chaotische situatie. Elke keer dat de brievenbus klepperde, schoten Brians zenuwen door zijn keel. Elk telefoontje, elke e-mail kon het verlossende nieuws bevatten waar ze zo naar verlangden.

Maar de dagen bleven zich voortslepen zonder die ene cruciale brief. Toen, op een donker grauwe vrijdag, lag er eindelijk een envelop op de deurmat. Brian had het nauwelijks durven hopen toen hij de post doorkeek, maar daar was hij dan.

De uitslag van Julians diagnostisch onderzoek.

Met bevende handen opende hij de brief en begon hij te lezen. Wat hij las, deed een golf van emotie door hem heen razen.

Julian had GEEN van de eerder gestelde diagnoses. Geen autisme, geen ADHD, geen ADD, geen ODD en geen gedragsstoornis.

Zijn zoon functioneerde als een gezonde jongen van zestien jaar zonder verstandelijke handicap. Wel werd er geconstateerd dat Julian een leerachterstand had, maar dat was logisch te verklaren omdat hij sinds zijn veertiende niet meer naar school was gegaan.

Toen Julian die vrijdag avond thuis bij zijn vader en Danique arriveerde voor weer een heerlijk weekend lag daar een envelop op tafel waar hij al twee weken gespannen op had zitten wachten.

Julian had de envelop met trillende handen geopend, zijn hart kloppend in zijn keel terwijl Brian en Danique gespannen toekeken.

De woorden sprongen van de pagina: "GEEN van de eerder gestelde diagnoses. Geen autisme, geen ADHD, geen ADD, geen ODD en geen gedragsstoornis. Een gezonde jongen van zestien jaar zonder verstandelijke beperking."

Ongeloof raasde door zijn hoofd, gevolgd door een stormvloed van woede en verdriet. Hoe had hij al die jaren in een instelling kunnen doorbrengen, met een zware indicatie en zware medicatie of hij gek was, terwijl er niets mis met hem was?

Julian staarde naar de woorden, boos en zijn vuisten gebald. De realiteit van de situatie viel als een baksteen op zijn schouders. Al die jaren van zijn jeugd verspild door de leugens en manipulaties van de vrouw die hem het leven schonk. Zijn moeder!

Hoe kon ze zoiets doen? Waarom had ze hem dit aangedaan? De stroom van vragen voelde als een waterval die zijn gedachten overspoelde. Brian die het veranderende gelaat van zijn zoon opmerkte, leidde hem rustig naar buiten. Met een bal onder zijn arm liepen ze zwijgend naar het voetbalveld. Het was een plek die altijd een soort ontsnapping had geboden, een fractie van vrijheid in een leven dat anders opgesloten was.

"Schop, Julian, schop zo hard als je kunt," zei Brian, zijn stem zacht maar vastberaden. Het was alsof die woorden een lang opgesloten kracht in Julian ontketenden.

Hij liep naar achteren, nam een aanloop en schoot de bal met alles wat hij had. "Nog een keer!" en "nog een keer!" zei Brian tegen Julian. Elke trap voelde als een stukje last dat van zijn schouders viel. Alle jaren van onrecht, pijn en onderdrukking kwamen naar boven.

Hij schopte, totdat zijn benen niet meer konden en hij uitgeput in het doel zakte. Daar, op het koude gras, begonnen de tranen onstuitbaar te stromen. De harde façade die hij al die jaren had opgebouwd, brokkelde af.

Brian boog zich naar hem toe, legde een hand op zijn schouder en liet hem zijn emoties de vrije loop laten. "Ik wil haar nooit, maar dan ook nooit meer zien, pap," snikte Julian.

De woorden waren scherp en doordringend. Hij bedoelde zijn moeder, de persoon die zijn jeugd had geruïneerd. Zijn vader knikte begrijpend. " je bent nu 16 dus als je niet meer naar haar toe wil is dat je eigen beslissing; je hoeft haar niet meer te zien als je dat niet wil, Julian."

Op dat zelfde moment dat hij besloot zijn moeder niet meer te willen zien nam Julian zich ook voor om de waarheid te gaan vertellen over de mishandelingen bij zijn moeder en de dingen die ze herhaaldelijk tegen hem zei.

Maar wie ging hij in vertrouwen nemen om zijn verhaal mee te delen, want het was tijd om de waarheid te openbaren, om de stemmen van onrecht en onderdrukking te laten klinken. De mishandelingen, de leugens, alles zou aan het licht komen.

Julians reis naar de waarheid was gevuld met pijn, maar het bracht hem ook bevrijding. Hij had jarenlang geleden onder de manipulaties en leugens van zijn moeder, maar de ontdekking van zijn ware gezondheidstoestand gaf hem de kracht om zijn stem te vinden en te gaan praten. Praten; iets wat hij jarenlang niet gedurfd heeft.

##34##

De zondagavond was in nevelen gehuld toen Brian de auto parkeerde voor de zorginstelling in Groningen. Julian zat naast hem, zijn ogen op het dashboard gericht, verloren in gedachten.

Dit weekend had eindelijk het verlossende antwoord gebracht op een vraag die zijn leven jarenlang had overschaduwd: 'Ik ben gezond.'

Geen enkele vorm van de gevreesde VG6 aandoening had hem aangetast. Deze onthulling had echter meer barsten veroorzaakt in zijn relatie met zijn moeder, dan dat het heling had gebracht.

Het weekend stond in het teken van het diagnostisch onderzoek. Julian herinnerde zich hoe hij nerveus had gewacht op de uitslag.

Toen de brief eindelijk het verlossende nieuws bracht dat hij geen VG6-klantje was, voelde het alsof er een zware last van zijn schouders viel.

Hij was gevrijwaard van de jarenlange angst die zijn moeder hem had ingeprent.

Maar met die opluchting kwam ook een verpletterend besef: zijn hele jeugd was een grote leugen geweest, in stand gehouden door de vrouw die hem het leven had geschonken. Julian had een definitief besluit genomen dat zijn leven voorgoed zou veranderen; hij wilde zijn moeder nooit meer zien.

De vele manipulaties, de leugens, en de controle – het was genoeg geweest.

Hij zou verdergaan zonder haar, zichzelf hervinden en een nieuw pad inslaan.

Terug in Groningen nam Brian de coördinator apart. Hij wist dat deze man als enige op de hoogte was van het diagnostisch onderzoek en de uitslag.

"Dit is nogal groots nieuws," zei de coördinator peinzend, "maar ik zal het nu wel moeten delen. De waarheid is iets totaal anders dan wat we tot nu toe dachten."

Brian knikte. "Ja, en dat betekent dat Julian hier niet thuis hoort en nooit thuis heeft gehoord en zeer snel naar huis geplaatst moet worden."

Zoals verwacht, bereikte het nieuws Julians moeder snel. Haar reactie was allesbehalve kalm.

Ze belde laaiend de psycholoog die Julian had getest. "Dit is vervalsing! Omkoping! Ik zal ervoor zorgen dat je hiervoor betaalt!" schreeuwde ze door de telefoon. De psycholoog bleef kalm en hing uiteindelijk op, waarna hij direct Brian belde. "Je hebt niets te weinig gezegd over haar," zei hij. "Ze is echt niet te doen!"

##35##

Het was de dag voor de zitting aan de jeugdbeschermingstafel. (JBT)

Brian stond nerveus voor de spiegel, zijn gedachten kolkend als een wilde rivier. Dit was het moment waar hij en zijn vrouw, Danique, zo lang naar hadden uitgekeken. Het diagnostisch onderzoek van Julian had eindelijk bevestigd wat Brian altijd al had geweten: Julian was gezond.

Eindelijk kon hij aantonen dat zijn zoon niet in die instelling hoorde, zeker niet met een VG6 (Verstandelijke Gehandicaptenschaal 6) stempel op zijn hoofd.

Hoewel de zitting nog moest plaatsvinden, voelde Brian zich gesterkt. Alles leek nu de goede kant op te gaan. Hij en Danique gingen er stilletjes vanuit dat Julian spoedig thuis zou zijn.

Ze waren zelfs al begonnen met plannen te bespreken van een feestelijk welkom thuis voor Julian. Maar toen de zon onderging en de lucht een paars-oranje gloed aannam, veranderde alles.

Die avond kwam er een mailtje van de zorginstelling binnen. Brian voelde een lichte koude rilling langs zijn rug lopen. Hij opende de email met een mengeling van nieuwsgierigheid en angst, niet wetende dat het lezen van de email zijn wereld op zijn kop zou zetten.

In de email (met als bijlage: de veiligheidskaart zoals het genoemd werd) stonden de conclusies van de zorginstelling en terwijl Brian de woorden een voor een las, viel zijn mond open van verbazing en frustratie. Elk woord sneed als een mes door zijn ziel.

De eerste zinnen waren al voldoende om zijn hart sneller te laten kloppen: Julian zat zonder zijn toestemming toch in VG7 en niet meer in VG6 en dit terwijl Brian bezwaar had gemaakt tegen dit besluit en zat te wachten op antwoord.

Zijn ex-vrouw had de ruimte gekregen om haar kant van het verhaal op papier te zetten, en die kant loog er niet om. Waarom had hij daar geen tijd, laat staan de vraag voor gekregen om verder in verweer te kunnen gaan? Hoe konden ze dit toch doorgezet hebben zonder zijn toestemming terwijl ook hij gezag had.

De ene na de andere leugen sprong van het beeldscherm. Julian zou hebben gezegd dat hij zijn medicatie niet meer hoefde te slikken en dat zijn vader hem daarin steunde.

De realiteit was echter andersom: Julian had Brian gebeld en Brian had geduldig uitgelegd dat hij niet zomaar met de medicijnen kon stoppen.

Hij had zelfs voorgesteld om met de artsen te praten over een eventuele afbouw. Maar in de mail werd Brian afgeschilderd als een onverantwoordelijke ouder die zijn zoon moedwillig in gevaar bracht om hem per direct te laten stoppen met zijn medicatie.

Brian voelde zijn handen trillen van woede en onmacht. Hoe was het mogelijk dat zijn ex en de begeleiders van Julian zulke leugens konden verzinnen? En nog erger, hoe konden de instanties deze leugens zonder meer accepteren?

Hij liet zich op de bank vallen, zijn hoofd in zijn handen, terwijl Danique naast hem kwam zitten en zachtjes haar hand op zijn rug legde. "Het komt goed," fluisterde ze, hoewel haar ogen eenzelfde onzekerheid verrieden.

"We moeten de waarheid blijven vertellen. Ze zullen het uiteindelijk zien." Maar ergens diep van binnen worstelde Brian met de angst dat de waarheid misschien niet genoeg zou zijn.

De manipulatie en onwaarheden hadden zo'n dikke mist van verwarring gecreëerd dat zelfs de meest heldere feiten moeilijk te onderscheiden waren. De nacht ging traag voorbij en de belofte van de volgende dag voelde als een last op hun schouders. Toch gaf Brian niet op.

Hij wist dat hij voor Julian moest vechten, met alles wat hij in zich had. Hij moest sterk blijven, ondanks de leugens en de pijn.

##36##

De volgende ochtend, met de 'foutief' ingevulde veiligheidskaart en andere stukken in zijn tas en een vastberaden blik in zijn ogen, vertrok Brian samen met zijn schoonzus Liza, als zijn vertrouwenspersoon, naar de zitting van de JBT.

Terwijl hij richting de rechtbank rijdt, voelt hij zijn hart sneller kloppen.

Zijn gedachten zijn een warboel van zorgen en hoop, angst en vastbeslotenheid.

De strijd was nog lang niet voorbij, maar zijn liefde voor Julian was een kompas dat hem altijd de juiste richting zou wijzen. In deze wereld, waar manipulatie en leugens soms de overhand lijken te hebben, blijft de waarheid altijd een kracht om rekening mee te houden.

De veiligheidskaart was een symbool van onrecht, maar ook een herinnering aan de noodzaak om niet op te geven. Brian wist dat de weg naar gerechtigheid lang en pijnlijk kon zijn, maar zijn vastberadenheid was als een rots in de branding. Voor Julian en voor de waarheid zou hij blijven vechten, ongeacht de obstakels die op zijn pad kwam.

Bij aankomst staan Julian en zijn begeleider, Peter, buiten te wachten. Peter is sinds Julians overplaatsing een rots in de branding voor zowel Julian als Brian en zal optreden als vertrouwenspersoon voor Julian tijdens de zitting.

Hij biedt niet alleen professionele begeleiding, maar ook een luisterend oor en een schouder om op te leunen.

Brian voelt een sprankje hoop bij het zien van hen. Ze begroeten elkaar hartelijk, proberen elkaar moed in te spreken terwijl de zon hun gezichten verwarmt.

Plotseling zien ze Natas aankomen. Ze kijkt hen geen moment aan, alsof ze lucht zijn. Haar blik is kil en vastberaden.

Ze stapt uit de auto en loopt direct naar de vrouw van de Raad van de Kinderbescherming (RvdK), met wie ze heel lieflijk in gesprek gaat.

Brian ziet de ironie en de manipulatie in haar gedrag en voelt een golf van frustratie door zich heen gaan. Een paar minuten later worden ze allen naar binnen geroepen. De spanning is bijna tastbaar.

De vrouw van de RvdK informeert hen dat Liza, Brians schoonzus, niet bij de zitting aanwezig mag zijn, omdat Natas bezwaar heeft gemaakt.

Dit voelt als een klap in het gezicht; Liza is een belangrijke steun voor Brian. "Waarom mag ze er niet bij zijn? Ik heb toch recht op een vertrouwenspersoon?" zegt Brian.

"Dit is besloten door de voorzitter van de jeugdbeschermingstafel", zegt de dame "en de keuze is aan u. U kunt zonder vertrouwenspersoon naar binnen of helemaal niet!" Brian heeft geen andere keus dan alleen de strijd aan te gaan en Liza in de wachtkamer achter te laten.

Tijdens de zitting wordt Brian van alle kanten aangevallen.

Natas maakt hem belachelijk, probeert zijn imago te schaden, terwijl de vrouw van de RvdK twijfels uit over zijn opvoedkwaliteiten. Brian krijgt ook steeds het verwijt dat hij niet wil communiceren met Natas. Het voelt alsof hij in een hoek gedreven wordt, zonder enige uitweg.

"Nee, ik wil per telefoon niet communiceren met Natas", zegt Brian "als ze iets te vragen heeft doet ze dat maar via de groepsapp of via mail; Ik heb namelijk geen zin om me iedere keer af te laten blaffen zoals ze dat al jaren bij me heeft gedaan."

Peter, de begeleider en vertrouwenspersoon van Julian, probeert tussenbeide te komen en licht te schijnen op de situatie, maar zijn inspanningen lijken tevergeefs.

Brian voelt zich meer en meer geïsoleerd, maar hij weigert op te geven. Hij denkt aan Julian, aan de momenten van vreugde die ze samen hebben gedeeld en dat geeft hem kracht. Ondanks de aanvallen, de beschuldigingen en de twijfels, blijft hij zichzelf herinneren aan waarom hij hier is. Voor zijn zoon.

De zitting voelt als een eeuwigheid, maar eindelijk komt er een einde aan. De emoties zitten hoog en de toekomst blijft onzeker.

Er wordt wederom een zitting ingepland, omdat sommige onderzoeken nog niet zijn afgerond. Maar een ding is zeker: Brian heeft alles gegeven wat hij had.

Hij heeft gestreden voor zijn zoon, ondanks de manipulaties van Natas en de aanvallen van de RvdK. Hij heeft een veerkracht getoond die verder gaat dan alleen lichamelijke kracht; het is de kracht van liefde, hoop en vastberadenheid.

Buiten de rechtbank ademt Brian diep in. De zon schijnt nog steeds en ondanks alles voelt hij een gevoel van opluchting. Hij heeft gestreden en hoe de uitkomst ook zal zijn, hij weet dat hij niet heeft opgegeven. Hij kijkt naar Peter en Julian, glimlacht en weet dat ze deze strijd samen zullen voortzetten. Hun band is sterker dan ooit en dat geeft hem de kracht om door te gaan, wat er ook gebeurt.

Na de hevige strijd die Brian heeft geleverd tijdens deze zitting bij de jeugdbeschermingstafel, leek het alsof elk sprankje hoop de kop in gedrukt was. Julian, was nog niet thuis, de strijd was echter verre van voorbij.

Er moest nog een tweede zitting volgen, omdat niet alle onderzoeken afgerond waren. De jeugdbeschermingstafel (JBT) en de Raad van de Kinderbescherming (RvdK) moesten de nieuwe diagnostische resultaten van Julian, die Brian had aangeleverd, nog steeds onder de loep nemen.

##37##

Ondertussen bleef Natas niet stilzitten en had alweer een nieuw manipulatief spelletje bedacht. Brian voelde zich uitgeput na de eerste zitting, maar hij wist dat hij moest doorzetten. Julian had hem nodig.

Het leven van Julian hing nog aan een zijden draadje. De spanning was te snijden; wat zou de uitkomst worden bij de volgende JBT.

Natas, daarentegen, bleef een constante bron van stress en manipulatie. Ze had onmiddellijk geëist dat als Julian naar huis zou mogen, hij bij haar geplaatst moest worden en niet bij Brian, omdat zij op papier de hoofdbewoning van Julian was.

Iedereen wist echter dat Julian, sinds de uitkomst van zijn diagnostisch onderzoek, geen contact meer wilde met zijn moeder.

Julian wist dat het tijd was om de waarheid te vertellen. Hij had te lang gezwegen over wat er in de weekenden bij zijn moeder gebeurde.

De mishandelingen, de leugens en de manipulatie hadden hun tol geëist. Julian besefte dat als hij nu niet zou spreken, de kans groot was dat hij bij zijn moeder moest gaan wonen.

En dat zou betekenen dat hij zijn vader, zijn enige veilige haven, volledig zou verliezen, want daar zou zijn moeder wel voor zorgen.

Het was op vrijdagochtend voordat Brian naar zijn werk ging. De coördinator van de instelling belde en Brian en hij hadden een goed gesprek in de gang.

Brian liep de woonkamer in. "Nooit meer," zei Brian terwijl hij naar Julian keek, die zat te ontbijten op de bank.

"Julian, vriend." "Ik hoor net van de coördinator dat als je niet wil; je niet meer naar je moeder hoeft in de weekenden."

"Je mag nu elk weekend bij ons doorbrengen." Met dit nieuws kwam er een rust over Julian heen, die zich voor het eerst sinds lange tijd veilig voelde. Is dit dan het moment?

Het was die vrijdagmiddag toen Brian aan het werk was dat Julian eindelijk besloot Danique in vertrouwen te nemen wat er echt gebeurde bij zijn moeder thuis.

De pijn en angst in zijn ogen waren hartverscheurend. "Danique," zei hij met trillende stem, "ik moet je iets vertellen. En ik hoop dat je me geloofd."

Julian vertelde over de fysieke en emotionele mishandelingen, de constante angst en het gevoel van isolatie. Hoe hij meerdere malen, soms wel een heel weekend, opgesloten werd in de schuur als hij iets verkeerds had gedaan; Hij wist alleen niet wat.

Het herhaaldelijk dichtknijpen van zijn keel, als zijn antwoord Natas niet aanstond. Tot zelfs de zweepslagen die hij kreeg toen ze het paard van Natas gingen verzorgen en hij, in haar ogen, nergens goed voor was en nooit geboren had moeten worden.

Hoe hij bijna elk weekend te horen kreeg dat hij een mongool was die niks kon en niks kon leren. Hoe hij maar ver weg opgesloten moest worden, omdat hij een gevaar voor de samenleving was en dat ze hem vanzelf een keer bij 'opsporing verzocht' zou zien.

Jarenlang onderging Julian de mishandelingen en afbraak van zijn eigenwaarde in stilte en de enige troost die hij had was zijn Pluis. De knuffel die hem al jaren bescherming gaf.

Het was alsof er een zware last van zijn schouders viel terwijl hij de pijnlijke details deelde. Het was moeilijk voor Danique om te luisteren zonder te huilen.

Eindelijk vertelde Julian wat ze al die tijd al hadden vermoed, maar Julian zich niet veilig genoeg voelde om het te delen, omdat hij nog steeds om het weekend naar het huis van de hel moest.

Danique voelde zich verscheurd tussen verdriet en opluchting en wilde Julian beschermen, maar wist ook dat deze onthullingen cruciaal waren voor zijn zaak.

##38##

De kamer is gevuld met gespannen energie terwijl ze rond de eettafel zitten, bedekt met papieren en notitieblokken.

"We moeten alles documenteren," zegt Brian resoluut. "Elk gesprek, elke afspraak, elke tegenstrijdigheid in de verklaringen van je moeder." Julian knikt, zijn gezicht strak van vastberadenheid. "En we moeten mensen vinden die bereid zijn te spreken over wat ze weten. Getuigen die jouw situatie kunnen bevestigen." zei Brian vol goede moed.

Danique voegt toe: "Ik denk dat het een goed idee is om contact op te nemen met een paar oude vrienden en kennissen van je moeder die zich hebben afgekeerd van haar, nadat ze doorhadden wie ze werkelijk was." Haar stem is zacht maar haar ogen branden met een vuur van gerechtigheid.

De avond gaat over in intensieve planning en voorbereiding. Met elk detail dat ze vastleggen, groeit Julians hoop dat hij eindelijk vrij zal zijn om zijn eigen leven te leiden, weg van de schaduw van manipulatie en leugens die zo lang over hem heerste.

Na de intensieve planningssessie van de vorige avond en een rustige zondag te hebben gehad, brengt Brian Julian weer terug naar Groningen, maar samen bezoeken ze eerst mevrouw Jansen bij de vorige locatie waar Julian verbleef tot hij overgeplaatst werd.

"Mevrouw Jansen, mogen wij u iets vragen waarbij wij uw hulp nodig hebben?," begint Brian voorzichtig. "Heeft u ooit het gevoel gehad dat er iets niet klopte in Julians situatie?"

Mevrouw Jansen knikt bedachtzaam en antwoordt: "Ja, Julian" terwijl ze Julian met een meelijdende blik aankeek. "Ik heb me altijd zorgen om je gemaakt en het gevoel gehad dat er iets niet klopte. Vertel me wat ik kan doen."

Terwijl ze hun verhaal doen, luistert mevrouw Jansen aandachtig en ondanks dat zij niet als getuige meegenomen kan worden in het proces vanwege haar werk, belooft ze haar oude e-mails over haar observaties en de gesprekken die ze in het verleden met Julians moeder heeft gehad, toe te voegen aan Julians dossier, zodat die kunnen dienen als bewijsmateriaal.

De volgende stap is een afspraak met Dokter Verbeek, de VG arts die Julian behandeld.

Twee weken later volgt een bezoek in zijn praktijk en legt Brian uit: "We hebben uw professionele mening nodig over deze nieuwe diagnoses en de vraag of Julian mag afbouwen met zijn medicatie. Zou u bereid zijn om uw bevindingen te evalueren?"

Dokter Verbeek stemt toe na enige aarzeling: "Voor jou, Julian, wil ik wel een blik werpen." Hij doet gelijk een aantal onderzoekjes bij Julian en beloofd de nieuwe diagnose door te nemen en zijn bevindingen per e-mail aan 'alle' begunstigen te verstrekken.

Tevreden lopen Julian en Brian de praktijk van Dokter Verbeek uit.

Tijdens het verblijf van Julian in de instelling is Brian contact gaan zoeken met oude buren, kennissen en vrienden van zijn ex-vrouw, Natas. Hij had altijd geweten dat ze manipulatief was, maar de diepte van haar verraad en de impact op hun zoon, Julian, was iets waar hij zich tot voor kort niet volledig van bewust was geweest.

De herinnering aan het moment dat hij ontdekte dat Julian in een instelling voor verstandelijk gehandicapten was geplaatst, tijdens de periode dat Natas hem bij hem had weggehouden, brandde nog steeds in zijn geheugen.

Met trillende handen tijdens het opstellen van de e-mails en een zwaar hart legde hij zijn situatie uit aan diegenen die ooit deel hadden uitgemaakt van hun leven: buren die hun lachende gezichten in de voortuin hadden gezien, vrienden die kerstkaarten hadden uitgewisseld en kennissen die verjaardagsfeestjes hadden bijgewoond.

Hij vroeg hen om hun herinneringen en ervaringen met Natas en Julian op papier te zetten. Hij smeekte om hun hulp om de waarheid aan het licht te brengen.

Langzaam maar zeker begonnen de reacties binnen te druppelen. Elke enveloppe die op zijn deurmat viel en elke e-mail die in zijn inbox verscheen, voelde als een sprankje hoop in een tijd die zo donker was geworden. Maar toen hij ze begon te lezen, voelde hij ook de golven van woede en haat die met elke regel steeds meer bezit van hem namen.

Elke brief onthulde een nieuw aspect van Natas' leugens en manipulaties. Tijdens hun huwelijk had ze al slecht over Brian gesproken. Ze had verhalen rondgestrooid die doordrenkt waren met klinkklare leugens, niet alleen over hem, maar ook over Julian. Sommigen schreven hoe ze het contact met haar hadden verbroken, omdat ze haar bedrog niet langer konden verdragen. Maar wat Brian het meest pijn deed, waren de getuigenissen van hun oude buren.

Ze schreven over het geschreeuw en het kleineren van Natas tegen Julian, momenten waarop Brian dacht dat alles goed was. Ze beschreven situaties waarin Brian aan het werk was, niets vermoedend van de mentale en emotionele martelingen die zijn zoon moest doorstaan. Zijn hart brak toen hij zich voorstelde welk leed Julian in stilte moest hebben ondergaan.

Maar het was de komst van Brians moeder met enkele vergeelde papieren die het verloop van zijn zoektocht een onverwachte wending zou geven en hem er aan herinnerde hoe gevaarlijk Natas kon zijn.

Iets wat hij destijds in hun huwelijk nog niet doorhad, maar met deze papieren weer bevestigd werden.

Brian herinnerde zich nog goed het moment waarop zijn moeder voorzichtig de brieven tevoorschijn haalde. "Brian," zei ze, "ik heb wat oude papieren doorzocht en vond deze uitgeprinte e-mail. Hij is van lang geleden, van de oudere zoon van Natas uit haar eerste huwelijk. Die je me ooit gaf om te lezen."

De e-mail was een tijdcapsule, een getuigenis van pijn en een belangrijk bewijsstuk dat tot nu toe ongezien in een lade was blijven liggen. Brian was deze brief helemaal vergeten.

Brian voelde een golf van emotie toen hij de woorden opnieuw las, iedere letter, iedere zin, als een dolk door zijn hart.

De oudste zoon van Natas, een verloren schakel in de familiegeschiedenis, had slechts één keer contact met hem opgenomen.

Het was een wanhopige poging geweest om Brian te waarschuwen voor zijn moeder.

Iets wat Brian toen afdeed als een rancuneuze jonge man die zijn moeder in een slecht daglicht wilde zetten.

In de e-mail omschreef hij met schrijnende details hoe Natas hem behandelde als een voetveeg, hem kleineerde en agressief naar hem toe was.

Hij had geschreven over de dag dat hij het huis verliet als jonge jongen, voorgoed, nadat Natas in een woedeaanval een mes op zijn keel had gezet zonder enige reden.

Een verhaal wat in de context gelijk was aan het verhaal dat Natas hem ooit verteld had, alleen was Natas het slachtoffer in deze en had ze haar zoon de deur gewezen.

Iets waarvan hij nu wel beter wist, dat Natas haar verhalen altijd zo verdraaide dat zij het slachtoffer was. Brian voelde zijn hart samenknijpen toen hij de passage opnieuw las. Het was alsof hij de angst en wanhoop van dat moment zelf kon voelen.

Deze e-mail was niet zomaar een document; het was een venster naar de duistere kant van Natas' ziel. Het was een duidelijk bewijs van kindermishandeling, een bewijs dat bevestigde wat hij al die tijd had vermoed dat ook bij Julian gebeurd was.

"Dit," dacht Brian, "is wat ik nodig heb om de Raad van de Kinderbescherming te overtuigen van de ware aard van Natas."

De e-mail, zorgvuldig bewaard door zijn moeder, zou het beslissende bewijsstuk kunnen zijn. Het was een krachtig getuigenis dat de leugens en manipulaties van Natas ontmaskerde.

De volgende dagen bracht Brian samen met Danique door met het ordenen van alle documenten die hij had verzameld.

Ze maakten een chronologische weergave van de gebeurtenissen en feiten, ondersteund door brieven, e-mails, en getuigenissen van mensen die Natas hadden gekend. Het werd een mozaïek van verhalen die samen een schokkend beeld schetsten van een vrouw die haar macht en manipulatie gebruikte om haar eigen kinderen te domineren en te onderdrukken.

Brian wist dat hij een zware strijd tegemoet ging. Het rechtssysteem en de jeugdzorg hadden hun eigen regels en procedures, maar om deze feiten konden ze niet heen. Toch? Gewapend met deze brieven en feiten voelde Brian zich sterker dan ooit.

Hij wist dat hij niet alleen stond in zijn strijd om Julian uit de instelling te halen. Hij had 'bewijs' dat Natas een gevaarlijke, manipulerende vrouw was die niet alleen haar eigen zoon, maar ook haar andere zoon leed had berokkend. Zijn hoop was dat de waarheid eindelijk gehoord zou worden en dat Julian de kans zou krijgen om te herstellen in een liefdevolle en veilige omgeving.

##39##

Dokter Verbeek had zijn belofte gehouden en het diagnostische onderzoek van Julian grondig bestudeerd en daarbij de uitslagen van zijn testjes. Zijn conclusies waren niet minder dan een openbaring. "Julian heeft geen blijvende schade ondervonden van het langdurig gebruik van medicatie."

Deze woorden waren als muziek in Brians oren. De e-mail ging verder: Dokter Verbeek wilde beginnen met het gedoseerd afbouwen van Julians medicatie en hopen dat hij uiteindelijk 'volledig zonder' zou kunnen functioneren.

Vanaf de volgende, nieuwe dosering, zou hiermee begonnen worden en 1x per maand zou er tijdens een consult gekeken worden of er verder gegaan kon worden met de afbouw.

Het was een moment van opluchting, een moment van vreugde zelfs. Voor Brian en Danique, maar vooral voor Julian, die eindelijk een toekomst zonder de constante invloed van medicijnen in het vooruitzicht had.

Totdat de bliksem insloeg. Natas had de e-mail ook gelezen, aangezien deze aan alle betrokkenen was verstuurd en haar reactie was als een koude douche. Ze eiste dat Julian per direct terugging naar de hoogste dosering, omdat hij die nodig had met zijn VG7. "Het feit dat hij geen schade heeft ondervonden, betekent niet dat hij zonder kan!" had ze luidkeels verklaard.

Haar woorden waren doordrenkt met een mix van paniek en woede. En alsof dat nog niet genoeg was, kondigde ze ook aan dat Julian voortaan naar een andere arts zou gaan, eentje die zij persoonlijk zou uitzoeken, omdat ze de expertise van Dokter Verbeek in twijfel trok.

Natas ging nog verder. Ze dreigde een melding te maken bij de RvdK, dat Brian achter de beslissing van Dokter Verbeek zat, een beschuldiging die volkomen onterecht was. Het was een manipulatieve zet, bedoeld om Brian in een hoek te drijven en zijn geloofwaardigheid te ondermijnen.

"Ha" dacht Brian toen hij dit las. "je doet maar." "Maar bij de volgende JBT heb ik genoeg onderbouwde feiten en getuigenissen die eindelijk laten zien hoe jij in elkaar zit en dat jij alles behalve het juiste voor Julian wil."

##40##

Het was een druilerige ochtend toen Brian zijn telefoon zag oplichten met een inkomend gesprek. De boodschap aan de andere kant van de lijn was even eenvoudig als verontrustend: de Raad van de Kinderbescherming had contact opgenomen.

Natas had opnieuw, zoals ze al dreigde, een melding gedaan in de zaak rond Julian. Zelfverzekerd, maar met een onderstroom van zenuwen stemde Brian in met hun uitnodiging om de zaak te bespreken.

Dit zou niet zomaar een gesprek worden; het voelde als een nieuwe kans, een nieuwe slag in de strijd om eindelijk gerechtigheid te krijgen voor Julian, immers moest de RvdK, volgens de wet, aan waarheidsvinding doen en die zouden ze krijgen ook.

Brian legde zijn telefoon neer en staarde een moment voor zich uit. Het was alsof de tijd even stil stond. Hij had gewacht op dit moment, zich voorbereid op dit moment. Nu was het zover.

In zijn hand lag een stapel papieren, 39 zorgvuldig gedocumenteerde feiten, bewijslast die hij gedurende een jaar had verzameld. Het waren de getuigenissen van mensen die het zagen, de fouten in het megadossier van Julian, de resultaten van het vernieuwde diagnostisch onderzoek waarin duidelijk stond dat Julian geen van de aanvankelijk gestelde diagnoses had.

Elk document was een druppel in een zee van bewijs dat klaar lag om de waarheid te laten zien. Julians moeder had sinds de scheiding van Brian een web van manipulatie en leugens gespannen.

Haar verhalen waren sluw en doordacht, een ware meester van bedrog. Elke keer weer leek ze de instanties te overtuigen van haar gelijk, terwijl Brian achterbleef met slechts zijn vastberadenheid en de waarheid aan zijn kant.

Het afgelopen jaar was voor hem en Julian een lijdensweg geweest. Elke week bracht Brian zijn zoon terug naar een instelling waar hij niet hoorde. Het was niet alleen de fysieke afstand die pijn deed, maar ook de emotionele kloof die steeds dieper werd. Julian voelde zich onbegrepen, onterecht veroordeeld en vooral: ongehoord.

Zijn stem, de stem die het meest van belang zou moeten zijn, leek telkens weer te verdrinken in een zee van bureaucratie en valse beschuldigingen.

De dag van het gesprek naderde. Brian liep het gebouw van de RvdK binnen, vastberaden maar met een knoop in zijn maag. De ruimte waarin hij moest wachten leek kouder dan normaal, de muren dreven een zekere kilte uit die hij niet van zich af kon schudden. Na wat een eeuwigheid leek, werd hij geroepen.

De gezichten aan de andere kant van de tafel waren neutraal, professioneel. Dit was voor hen slechts een ander dossier, maar voor Brian was het alles.

Met rustige vastberadenheid legde hij zijn bewijslast op tafel. De 39 feiten, zwart op wit. Elke pagina een getuigenis, een stuk van de puzzel die de waarheid onthulde. Hij vertelde over de manipulaties van Natas, de valse beschuldigingen, de pijn van Julian.

Hij sprak niet alleen met woorden, maar met zijn hele wezen, elke emotie genuanceerd en oprecht. Na het gesprek verliet Brian het gebouw met een vreemd mengsel van gevoelens. Hij voelde zich uitgeput.

De RvdK had rustig naar zijn verhaal geluisterd en zijn aangedragen papieren in ontvangst genomen. Dit met de mededeling dat zij al een redelijk goed beeld hadden over de gehele situatie, maar dat ze naar zijn stukken zouden kijken en eruit zouden halen wat 'hun' achten nodig te hebben.

Ze vertelden dat ze hun advies tijdens de volgende JBT zouden kenbaar maken. Dit was misschien niet het einde, maar het was zeker een begin. Hij wist dat veranderingen tijd nodig hadden, maar hij had zijn kant van het verhaal verteld, Eerlijk, luid en duidelijk.

Zijn hoop was dat de RvdK nu eindelijk de waarheid zou zien, dat Julian eindelijk naar huis zou kunnen komen waar hij hoorde.

Terwijl Julian doordeweeks op de groep verblijft, krijgt hij weinig mee van de hardvochtige strijd die zijn vader Brian voert tegen zijn manipulatieve moeder.

Toch is de invloed van deze strijd diep in Julians bewustzijn geworteld. De weken in de groep brachten een zekere mate van ritme en routine voor Julian. Het was een plek waar hij niet wilde zijn, maar moest blijven tot zijn vader de strijd om hem thuis te krijgen gewonnen had.

Maar zelfs hier was de schaduw van zijn moeder niet ver weg. Er was een begeleider, laten we hem "Erik" noemen, die opvallend vaak het gespreksonderwerp naar Julians moeder liet afdwalen. "Je moeder mist je," zei Erik keer op keer met een gemaakte glimlach, alsof hij probeerde een oude wond open te rijten.

Julian voelde de weerzin in zich opborrelen. Hij had gezworen dat hij 'nooit' meer contact met haar zou hebben na alles wat ze hem had aangedaan. Erik leek echter vastbesloten om die belofte te breken.

Er was iets aan hem dat Julian niet vertrouwde. Misschien was het de manier waarop Erik altijd met dezelfde afgedwongen vriendelijkheid sprak over zijn moeder. Het voelde onoprecht, alsof Erik zelf niet helemaal doorzag waar hij mee bezig was.

Julian had het idee dat Erik, net als zovelen voor hem, door de manipulatieve vriendelijkheid van zijn moeder om de tuin geleid was. Hij voelde zich als een marionet in een spel waarvan hij de regels niet kende.

Telkens wanneer Julian een goede band opbouwde met een andere begeleider, iemand met wie hij leuke dingen kon doen en zich even veilig kon voelen, werd die persoon binnen de kortste keren vervangen. De enige constante was Erik, die steeds opnieuw over zijn moeder begon.

Julian wist dit uit gesprekken met zijn vader, die hem over bepaalde dingen op de hoogte hield van het reilen en zeilen buiten de muren van de instelling. Brian vertelde hem, dat als het weekrapport te positief was en waarin te lezen was dat Julian met een begeleider het leuk had gehad, Julians moeder andere begeleiders eiste. Het leek alsof zijn moeder, zelfs van een afstand, de touwtjes nog steeds stevig in handen had.

Julian mocht het niet leuk vinden, maar hij kon er weinig aan veranderen aangezien zij ook gezag over hem heeft. De manipulatie van zijn moeder had diepe sporen in Julians leven nagelaten. Het was alsof hij in een spiegelhuis leefde, waar elke reflectie een verdraaide versie van de werkelijkheid toonde.

Hij had leren wantrouwen, niet alleen anderen, maar soms ook zichzelf. Was het mogelijk dat hij het mis had? Dat Erik echt geloofde dat zijn moeder hem miste en van hem hield? Of was Erik gewoon een andere pion in het spel van zijn moeder?

Deze vragen hielden Julian wakker in de stille uren van de nacht. Zijn gedachten draaiden in kringetjes, zoekend naar antwoorden die maar niet kwamen. Hij voelde zich gevangen tussen het beschermen van zijn eigen mentale wereld en de voortdurende pogingen van zijn moeder om daar binnen te dringen.

##41##

De ochtend van de tweede Jeugd Beschermingstafel (JBT) brak aan met een bedrukte stilte die over het huis hing. Brian en Julian wisten dat dit de laatste kans was om rechtvaardigheid te vinden in een systeem dat hen keer op keer had teleurgesteld.

Na de bittere teleurstelling van de vorige zitting was de hoop echter bij vlagen broos. Deze keer hadden ze met vastberadenheid een nieuwe strategie bedacht, eentje die Natas zou verrassen.

Toen Liza, de schoonzus van Brian, eerder als vertrouwenspersoon was geweigerd door Natas, hadden Brian, Fabian en Julian besloten om de regels uit te spelen.

Julian had zijn oom Fabian gevraagd om vandaag als 'zijn' vertrouwenspersoon op te treden. Een besluit dat een nieuwe dynamiek zou brengen in de strijd die al te lang voortduurde.

Toen ze de zittingszaal binnenstapten en Natas' ogen de haat lieten vonken zodra ze Fabian zag, wisten ze dat hun plan werkte. Maar zou dit voldoende zijn om het onrecht te stoppen en Julian eindelijk naar huis te laten gaan?

De zitting begon met een ingetogen stilte, slechts onderbroken door het geritsel van papieren en het zachte gefluister van de aanwezigen. Het zou niet lang duren voordat Natas haar stem zou verheffen. Ze sprak de RvdK direct aan, haar woorden druipend van bitterheid en valsheid.

"Ik heb bezwaar tegen deze man," zei ze, terwijl ze naar Fabian wees. "Hij is totaal ongeschikt om een kind te vertegenwoordigen. En de familiebanden maken dat hij niet objectief zal zijn."

Fabian stond kalm op, zijn gezicht een masker van gecontroleerde woede. Hij wist wat er op het spel stond en zou zich vandaag niet laten intimideren door de valse beschuldigingen van Natas. "Ik ben hier als vertrouwenspersoon om mijn neefje te steunen," zei hij vastberaden. "En ik heb niets te verbergen. Ik daag u uit om enige feitelijke basis voor uw beweringen te overleggen." Beet hij Natas beheerst toe.

De RvdK leek even in verwarring, maar Fabian mocht zich gelukkig prijzen met de regels die Fabian beschermde. Hij mocht de zittingszaal als vertrouwenspersoon, voor Julian, niet verlaten en zou Julian blijven bijstaan en daarbij ook een beetje Brian.

Brian, Fabian en Julian voelden een onverwachte golf van triomf. Eindelijk hadden ze het gevoel dat ze Natas een slag hadden toegebracht in haar eigen spel van manipulatie en leugens.

Echter, de valse beschuldigingen lieten hun sporen na; de sfeer in de zaal veranderde in een gevechtsterrein van woorden en blikken.

Ze hoopten op een positieve wending, dat na deze dag eindelijk de waarheid zou zegevieren en Julian naar huis kon terugkeren.

Naarmate de zitting vorderde, werd de hoop van Brian en Julian langzaam maar zeker aan stukken geslagen. De 39 feiten en getuigenissen die Brian had aangeleverd, werden nauwelijks aangeraakt. In plaats daarvan leek de RvdK zich te concentreren op de vermeende tekortkomingen van Brian als vader.

De beweringen van Natas, hoe onredelijk ook, kregen meer aandacht dan de harde bewijzen die hij had verzameld.

"Mijn zoon is ernstig ziek wat ook bewezen is met de gestelde diagnose" begon Natas toen ze mocht spreken.

"Zijn gedrag is oncontroleerbaar, agressief en handelt op het niveau van een kindje van 6 jaar waardoor hij constante zorg nodig heeft die zijn vader hem absoluut niet kan bieden, daar vader jarenlang geen interesse in Julian getoond heeft en niet weet hoe Julian ontwikkeld is."

Haar woorden waren doordrenkt van bezorgdheid, maar Julian wist dat elk woord berekend was.

Zijn vader onderbrak haar rustig. "Dat is niet waar; Wij hebben bewijs dat Julian geen van de diagnoses heeft die zijn moeder claimt." zoals ik bij u heb aangeleverd.

De RvdK gaf aan dit diagnostisch onderzoek inderdaad gelezen te hebben, maar daar hij niet door de juiste persoon ondertekend was, zouden ze deze niet meenemen in hun besluit.

Het valse lachje van Natas was op dat moment niet te negeren, zij voelde zich onoverwinnelijk en had nog steeds alle macht in handen, dit was een gigantische klap in het gezicht van Brian en Julian.

Juist dat wat hem vrijpleitte van alle diagnoses en dat Julian thuis hoorde werd niet serieus genomen.

Julian zat stil naast zijn oom Fabian, zijn ogen donker en doordrongen van een verdriet dat zijn jeugd niet zou mogen kleuren.

"Mag ik iets zeggen?" vroeg Julian plotseling, zijn stem trillend maar luid genoeg om gehoord te worden over het gemompel heen.

"Spreek vrijuit," gaf de voorzitter toestemming.

Er viel een stilte na Julians woorden. De voorzitter keek bedachtzaam naar hem en knikte langzaam.

"Alles wat hier gezegd wordt over mij... het is niet wie ik ben, het zijn allemaal leugens," begon Julian, terwijl tranen van frustratie langs zijn wangen liepen. "Ik ben niet gevaarlijk of onhandelbaar en al helemaal geen 6 jaar. Ik wil gewoon leven zoals elke andere tiener en bij mijn vader wonen; zonder angst en zonder constant te moeten bewijzen dat ik normaal ben."

"Dank je voor je moed om te spreken, Julian," zei de voorzitter uiteindelijk.

Terwijl iedereen gespannen wachtte op wat komen zou, sloot Julian hoopvol zijn ogen en greep stevig de hand van zijn oom Fabian vast.

De zitting ontaardde in chaos, met verhitte discussies en gebroken zinnen waarbij Brian en Natas lijnrecht tegen over elkaar stonden.

Uiteindelijk was het de RvdK die besloot dat de zaak niet langer door de JBT kon worden behandeld en overgedragen moest worden aan de rechtbank. De zittingszaal liep langzaam leeg en Brian voelde de koude hand van wanhoop zijn hart omklemmen.

Hoe was het mogelijk dat de waarheid keer op keer genegeerd werd? Hoe kon het, dat Natas telkens haar valse verhalen kon blijven verkondigen zonder dat iemand haar ter verantwoording riep?

Het was een bittere dag, eentje die Brian en Julian nog lang zouden herinneren. De overwinning van die ene slag door Fabian bij zich te hebben gehad, werd overschaduwd door de bitterheid van het algehele verlies. Het rechtssysteem had hen opnieuw in de steek gelaten.

42

Terwijl de zon langzaam ondergaat, zit Brian in de woonkamer, geflankeerd door de schaduwen van een dag vol teleurstelling. De uitspraak van de JBT-zitting heeft zijn hoop op een snelle en rechtvaardige oplossing aan diggelen geslagen.

Geen gerechtigheid, geen erkenning van de waarheid; alleen de harde realiteit dat de zaak nu onder het toezicht van de rechtbank verder zal gaan. Brian voelt zich verslagen, alsof elke stap voorwaarts een stap terug is.

Hoe kunnen de leugens van Natas, steeds als waarheid worden gezien? Zijn gedachten draaien in cirkels, en de wanhoop knaagt aan zijn kracht. Het is tijd voor een nieuwe aanpak.

Het is tijd om een advocaat in te schakelen. Brian zit op de rand van de bank, zijn handen ineengestrengeld en zijn ogen op de grond gericht. Danique kijkt naar hem met een mengeling van medelijden en vastberadenheid.

Ze weten allebei dat ze op een kruispunt staan. Het inschakelen van een advocaat is niet zomaar een beslissing; het betekent nog meer financiële druk, nog meer stress, maar misschien ook een kans om eindelijk gerechtigheid te vinden. "Ik red dit niet meer alleen," zegt Brian vermoeid en met tranen in zijn ogen. Zijn stem klinkt hol, alsof hij al zijn energie heeft opgebruikt.

Danique knikt langzaam. Ze begrijpt hem volledig. "We moeten dit doen, Brian. Maar we moeten ook realistisch zijn over de kosten."

Het is niet de eerste keer dat ze het hebben over de financiële lasten van Julians zaak. Elke week moeten ze heen en weer rijden van Noord-Brabant naar Groningen om Julian op te halen en terug te brengen. Het diagnostisch onderzoek hebben ze uit eigen zak betaald, en dan zijn er nog de talloze ritten naar de verschillende afspraken met het CCE, de RvdK, de JBT en de begeleiders.

Al deze verplichtingen drukken zwaar op hun gezin, zowel emotioneel als financieel.

De afspraken vinden altijd in Groningen plaats en meestal ergens in het midden van de week, omdat Natas het uiteraard weer voor elkaar heeft, dat er naar haar geluisterd wordt en het voor haar nooit uitkomt op de vrijdagen, dat Brian toch al die kant op moet om Julian op te halen.

Dit vergt dan ook een nauwkeurige planning gezien hun werk en andere verantwoordelijkheden. Danique legt een hand op zijn schouder. "We moeten een advocaat zoeken die echt begrijpt wat we doormaken. Iemand die ons kan helpen om de waarheid eindelijk boven tafel te krijgen."

Brian knikt, al is het moeizaam. De gedachte aan nog meer juridische procedures maakt hem misselijk, maar hij weet dat er geen andere optie is. "Maar waar vinden we zo iemand? En hoe betalen we dat?", vraagt hij.

Danique schuift dichterbij. "We moeten het stap voor stap doen. Ik kan wat extra uren werken en misschien kunnen we een betalingsregeling treffen met de advocaat."

Ze voelen beiden de zwaarte van de keuze die voor hen ligt, maar ook een vleugje hoop. Misschien, met de juiste juridische steun, kunnen ze een versnelling in het proces brengen.

Misschien kan Julian dan eindelijk de stabiele omgeving krijgen die hij verdient, weg van de manipulaties en leugens van zijn moeder.

De avondzon zakt verder weg en de schaduwen in de woonkamer worden langer. Brian en Danique zitten zij aan zij, hun handen ineengestrengeld. Terwijl Brian zich de mogelijkheid van een rechtvaardige uitkomst voorstelt, voelt hij een hernieuwde veerkracht in zich opkomen.

De strijd is nog lang niet voorbij, maar hij staat er niet alleen voor. Samen met Danique en hopelijk met de steun van een goede advocaat, kan hij hopelijk de waarheid eens echt aan het licht brengen.

##43##

Het was een van die dagen waarop de klok leek te slepen, elke minuut duurde een eeuwigheid. Brian zat achter het stuur van zijn auto, zijn schouders verzakt van de lange werkdag.

De vermoeidheid probeerde vat op hem te krijgen, maar het vooruitzicht van thuis zijn gaf hem net genoeg energie om de laatste kilometers door te zetten. Echter, een onverwachte wending stond op het punt zijn avond aanzienlijk te veranderen.

Het monotone gezoem van zijn telefoon doorbrak de stilte in de auto. Brian wierp een snelle blik op het scherm en zag de naam van Julian verschijnen. Met een lichte zucht van verlichting, blij om zijn zoon te horen maar onwetend over wat komen zou, beantwoordde hij het gesprek.

"Hoi Julian," zei Brian, zijn stem zacht en geruststellend. "PAP, PAP," hoorde hij Julian in paniek roepen, "je moet me komen halen! Ik ben weggelopen uit de instelling. Ze willen dat ik naar mijn moeder ga en daar wil ik absoluut niet heen!" Julian begon te vertellen hoe ze hem probeerden te dwingen weer contact op te nemen met zijn moeder.

"Ze denken dat het goed voor me zou zijn, maar ik weet dat het niets goeds zal brengen. Ze zal me straffen, omdat ik al een jaar geen contact met haar heb gehad. Waarom stoppen ze niet met mij te dwingen tot dingen die ik niet wil?"

De wanhoop in de stem van zijn zoon maakte een lawine van emoties los in Brian. Hij wist hoeveel Julian had geleden onder de manipulatie en emotionele mishandeling van zijn moeder. Elke poging om de jongen te herenigen met haar voelde als een messteek in het hart van hun fragiele bond. Zonder aarzeling reed Brian naar huis. Bij aankomst, deelde hij de situatie direct met Danique.

Zij hoefde niet lang na te denken en met een vastberaden blik stapte ze naast Brian in de auto. Ze begrepen beiden dat deze rit naar Groningen meer was dan een simpele reddingsactie; het was een gevecht voor Julians recht om vrij te zijn van manipulatie en angst.

De kilometers vlogen voorbij in een waas van zorgen en adrenaline. Terwijl de hemel zich vulde met sterren, bespraken Brian en Danique hun opties en de mogelijke gevolgen van hun actie.

Het was duidelijk dat ze Julian niet zomaar konden terugbrengen naar de instelling, waar ze hem keer op keer dwongen om contact op te nemen met zijn moeder.

Toen ze uiteindelijk in Groningen arriveerden, vonden ze Julian snel, verstopt en nerveus, maar zichtbaar opgelucht toen hij zijn vader en Danique zag. Brian omhelsde zijn zoon stevig en fluisterde geruststellende woorden, terwijl Danique een hand op Julians schouder legde en hem verzekerde dat ze een oplossing zouden vinden.

Samen met Julian reden Brian en Danique terug naar de instelling. De lucht was zwaar en de spanning in de auto was bijna tastbaar. Niemand zei iets, maar de stilte sprak boekdelen. Julian zat achterin met een blik van woede en verwarring. Hij had zijn vader en Danique zoveel te vertellen, maar de woorden bleven steken in zijn keel.

Bij aankomst bij de instelling stond Natas, op de hoek te wachten. De koude wind leek haar aanwezigheid nog dreigender te maken. Julians gezicht trok strak en zijn ademhaling versnelde. "IK WIL HAAR NIET ZIEN!" riep Julian woedend. Zijn stem trilde van emotie. "Wat doet zij hier!Als ze niet weggaat, ga ik niet naar binnen!"

Brian voelde de vurigheid van zijn zoon en wist dat hij snel moest handelen om de situatie niet verder te laten escaleren. Hij liep snel naar binnen en na een kort, maar intens overleg met de begeleider, werd Natas gevraagd weg te gaan. Brian en Julian liepen samen naar binnen, terwijl Danique in de auto bleef wachten. De spanning leek even te zijn afgenomen, maar dat zou van korte duur zijn.

Plotseling zag Danique Julian weer naar buiten rennen, vastberaden om opnieuw weg te lopen. Ze stapte snel uit de auto en hield hem stevig tegen. "Wat is er, Julian?" vroeg ze zachtjes, terwijl ze probeerde hem te kalmeren.

Julians ogen vulden zich met tranen en zijn woorden kwamen hortend en stotend. "Ik mag niet met jullie mee, omdat die 'heks' geen toestemming geeft. Dus loop ik gewoon weer weg, want hier blijf ik niet en naar haar ga ik al helemaal niet!"

Danique wist dat ze Julian moest kalmeren voordat de situatie verder uit de hand zou lopen. Ze hield hem stevig vast, keek hem diep in de ogen en fluisterde bemoedigende woorden. Langzaam maar zeker begon Julian te kalmeren. Samen liepen ze terug naar binnen, waar een verhitte discussie gaande was.

Brian stond tegenover de begeleiding, zijn gezicht rood van woede. "IK HEB OOK GEZAG!" bulderde hij. "En ik beslis NU dat Julian met mij mee naar huis gaat. Zijn jullie nu helemaal besodemieterd om mijn gezag steeds te ondermijnen!"

De begeleider probeerde de situatie in goede banen te leiden door keer op keer aan te geven dat Natas geen toestemming gaf en ze daar niet omheen konden, maar de spanning was voelbaar in de kamer. Brian was vastberaden, klaar om tot het uiterste te gaan voor het welzijn van zijn zoon. Julian keek naar zijn vader en voelde een golf van trots en opluchting door zich heen stromen.

De begeleider keek hen met een strak gezicht aan, het was duidelijk dat hij begreep dat hij geen andere keuze had. Hij belde met zijn leidinggevende en met een zucht gaf hij toestemming voor Julian om met Brian en Danique mee te gaan.

Een gevoel van opluchting overspoelde hen toen ze eindelijk de instelling verlieten. Julian liep tussen hen in, zijn hand stevig in die van zijn vader.

Ze reden in stilte terug naar hun huis, waar Julian voorlopig veilig zou zijn. De schaduwen van angst en onrechtvaardigheid hingen zwaar in de lucht.

44

Sinds zijn ontsnappingsactie was Julian mentaal uitgeput en er was dringend behoefte aan een plek van rust, een toevluchtsoord waar hij even kon ontsnappen aan de aanhoudende spanningen en stress. Dat arriveerde in de vorm van een week bij zijn vader Brian en Danique. In deze hectische wereld, waar de bureaucratie van het CCE (Centrum voor Consultatie en Expertise) aandrong op het herstel van contact met zijn manipulatieve en gewelddadige moeder, vond Julian in het huis van zijn vader een oase van tijdelijke vrede.

Het was een frisse woensdagochtend toen Danique en Julian samen naar de supermarkt wandelden. De zon scheen zachtjes door de bladeren van de bomen en het voelde bijna alsof deze eenvoudige wandeling al een transformatie in gang zette voor Julian. Terwijl ze de boodschappen in de kar legden, merkte Danique op hoe stil Julian was. Ze liepen langzaam terug naar huis terwijl ze in een eenvoudig gesprek verwikkeld zaten dat de wereld om hen heen leek uit te schakelen.

"Julian, wat zou je, buitenom, bij ons te wonen nog meer willen doen?" vroeg Danique, haar toon warm en uitnodigend.

Julian keek bedachtzaam naar de grond en antwoordde: "Ik zou graag een weekendbaantje willen, maar dat kon nooit omdat ik nooit een weekend op één plek was en ik het nooit zou kunnen werd er gezegd."

Danique glimlachte en legde een hand op zijn schouder. "Maar dat kan nu wel, toch? Je bent elk weekend bij ons en jij kan dat zeker wel. We kunnen iets voor je regelen misschien."

Het was alsof een lampje aanging in Julians ogen. Voor het eerst voelde hij zich verlicht door een sprankje hoop. Enthousiast begon hij te bedenken wat voor baantje hij zou willen. 'Misschien bij de supermarkt? Of bij de bakker? Of toch bij die aardige man van de koffiecorner waar ze vaak koffie halen?'

Terug thuisgekomen, was de sfeer in huis lichtjes opgeladen met nieuwe energie. Terwijl ze samen de boodschappen uitpakten, begon Julian te fantaseren over zijn toekomst. Het voelde als een doorbraak, een eerste stap in het herwinnen van controle over zijn eigen leven. Brian, die die avond bij thuiskomst over het gesprek hoorde van Danique, zag de verandering in zijn zoon en voelde een mengeling van trots en verdriet. Trots omdat Julian eindelijk perspectieven begon te zien, maar verdrietig omdat zo'n simpele droom voor zijn zoon zo lang onbereikbaar was geweest.

Danique legde haar handen teder op Julians schouders en keek hem in de ogen. "Onthoud, Julian," zei ze zachtjes, "je verdient rust en geluk. Je verdient een leven waarin je je veilig en geliefd voelt; En wij zijn hier om je te helpen dat te vinden en te geven."

##45##

De week bij Brian en Danique bood Julian meer dan alleen een tijdelijke ontsnapping aan de druk en manipulaties van zijn moeder en het rechtssysteem. Het gaf hem de mogelijkheid om opnieuw te dromen, om te zien dat er een leven buiten de stress en pijn van zijn oude bestaan mogelijk was. Het eenvoudige idee van een weekendbaantje werd symbool voor nieuwe hoop, nieuwe mogelijkheden en een nieuwe toekomst.

Zijn verblijf bij zijn vader was niet alleen een moment van ademhaling, maar een noodzakelijke stap in zijn helingsproces. Het herinnerde hem eraan dat, ondanks de manipulaties en leugens van zijn moeder, er mensen waren die echt om hem gaven en die hem wilden helpen groeien. Dit was misschien wel de eerste keer dat hij begreep dat zijn leven niet bepaald hoefde te worden door zijn verleden, maar kon worden opgebouwd door de keuzes en mensen die hij in zijn toekomst toeliet.

De dag erna stapte Julian de bus in; op naar de koffiecorner. De woorden van Danique en de goedkeuring van zijn vader resoneerden nog steeds in zijn hoofd, als een melodie die hem moed schonk.

Dit was de eerste keer dat hij alleen een dergelijke stap zou zetten en het voelde als een gigantische hindernis. Hij had altijd gehoord van zijn moeder dat hij niks zelfstandig kon en zo werd hij in de instelling ook behandeld. Vandaag was anders. Vandaag was Julian vastbesloten zijn eigen weg te vinden.

Julians hartslag was sneller dan normaal toen hij met de bus aan kwam en naar de deur liep. Hij voelde een zenuwachtige kriebel in zijn maag, die bijna verlammend werkte. Maar hij herinnerde zich de geruststellende woorden van Danique, die hem de vorige avond had aangemoedigd om het risico te nemen. "Je kunt dit, Julian. Het is tijd om voor jezelf te kiezen," had ze gezegd, terwijl haar ogen oprecht en vol vertrouwen in de zijne keken.

Met een laatste, diepe ademhaling stapte hij de koffiecorner binnen. De geur van versgemalen koffie en gebakken lekkernijen omhulde hem als een warme deken. De man achter de toonbank, Rob, keek op en glimlachte toen hij Julian zag binnenkomen.

"Hey Julian, alleen hier? Of komen je ouders zo nog en hebben ze je vooruit gestuurd voor een tafeltje?" vroeg Rob, met een hartelijke toon.

Julian slikte moeizaam en voelde zijn handen trillen. "Uh nee, ik wilde u graag wat vragen," begon hij zenuwachtig.

Rob bekeek hem met oprechte interesse. "Nou, vraag maar eens dan," zei hij vrolijk, terwijl hij vermoedelijk al wist waar dit gesprek naar toe zou gaan.

Julian haalde diep adem en sprak met een stem die iets steviger klonk dan hij voelde. "Nou, uh, nou ik wilde vragen of u personeel zoekt en of ik dan eventueel bij u zou kunnen werken. Al is het de afwas doen."

Robs oogleden lichtten op en hij knikte goedkeurend. "Personeel kan ik zeker gebruiken. Kom maar even zitten, dan gaan we even praten." zei hij, terwijl hij naar een nabijgelegen tafel wees.

Terwijl ze aan de tafel zaten voelde Julian de zenuwen langzaam wegsmelten in de warmte van Robs vriendelijkheid. Ze praatten over van alles; van school tot zijn interesses en waarom hij zo graag wilde werken. Rob luisterde aandachtig en stelde geruststellende vragen, waarmee hij Julian hielp zijn gedachten te ordenen.

"Waarom wil je hier werken, Julian?" vroeg Rob uiteindelijk.

Julian dacht even na. "Ik heb het gevoel dat ik iets voor mezelf moet doen. Iets zodat ik kan groeien" antwoordde hij oprecht.

Rob knikte begrijpelijk. "Dat is een goede reden. Het lijkt me een mooie stap naar zelfstandigheid en eigen verantwoordelijkheid. En zou je dit weekend al kunnen beginnen?". Vroeg Rob met vrolijk lachende ogen. "Meent u dat?" vroeg Julian terwijl zijn hart een sprong in de lucht maakte.

"Ja zeker, als je zaterdag kunt beginnen dan kunnen we je gelijk wegwijs maken met de koffiemachines en welke verschillende koffie we maken." zei Rob.

Julian voelde een golf van opluchting door zich heen spoelen. Het was gelukt!! hij had een echte baan! Hij had de eerste stap gezet en het voelde goed. Heel goed zelfs.

Het gesprek met Rob markeerde een belangrijk keerpunt voor Julian. Voor het eerst in zijn leven had hij op eigen kracht iets bereikt. De opluchting en trots die hij voelde waren overweldigend. Het was een kleine overwinning, maar wel één die hem de moed gaf om door te gaan.

Julian kwam opgewonden thuis en gilde al in de deuropening: "Pap! Danique! Ik heb een baan! Ik mag zaterdag al bij de koffiecorner beginnen!" Zijn stem trilde van enthousiasme en trots.

Brian en Danique keken elkaar even aan en lachten toen breeduit. Ze haastten zich naar Julian en omhelsden hem stevig. Dit was een grote mijlpaal voor hen alle drie.

Julian, die volgens zijn moeder en de instelling nooit in staat zou zijn om welk werk dan ook te verrichten, had een baan gekregen. En belangrijker nog, hij had die baan zelf geregeld. Brian veegde een traan van blijdschap van zijn wang en zei: "We zijn zo trots op je, Julian."

Om dit moment te vieren besloten ze opa en oma te bellen om die avond uit eten te gaan. De vreugde aan de andere kant van de lijn was bijna tastbaar. Julian voelde zich eindelijk geaccepteerd en gewaardeerd, niet alleen door zijn eigen familie, maar misschien voor het eerst, door de wereld om hem heen.

##46##

De volgende dag, vrijdag, nam Brian contact op met de coördinator van de instelling waar Julian door de week verbleef. Hij wilde het goede nieuws delen. "Julian heeft een baan gekregen," zei hij, nauwelijks in staat om zijn opwinding te verbergen.

"Dat is fantastisch nieuws, Brian," antwoordde de coördinator enigszins sceptisch. "Maar, met Julians achtergrond vraag ik me af of hij dit wel aankan." De woorden prikten als naalden. Weer dat vooroordeel over Julian. Ondanks dat de diagnose was dat Julian niets mankeerde, bleef iedereen hem zo behandelen en deden niks met die uitslag. Brian voelde een golf van woede, maar ook een vastberadenheid om zijn zoon te steunen.

"Ik begrijp je zorgen," antwoordde Brian koel. "Maar we zullen zien. Ik zal je op de hoogte houden en in het weekendverslag van zondagavond vertellen over zijn eerste werkdag."

De zaterdag brak aan met een gouden zonsopgang en Julian bereidde zich grondig voor op zijn eerste werkdag. Met een glimlach en een opgestoken hoofd stapte hij de koffiecorner binnen. Zijn eerste taak was eenvoudig, maar hij voerde het uit met een toewijding die het personeel meteen opviel. Het was een kleine overwinning, maar voor Julian voelde het als een grote triomf.

Hij serveerde koffie met een glimlach, leerde de namen van de vaste klanten en maakte zelfs een praatje met hen. Julians hart was vol van trots. Hij kon het wel. Tegen het einde van de dag ontving hij een klein applaus van zijn nieuwe collega's. Ze bewonderden zijn doorzettingsvermogen en positieve houding.

De eerste werkdag van Julian was een doorslaand succes. Toen hij trots met de bus naar huis ging, voelde hij zich eindelijk gezien en gewaardeerd voor wie hij werkelijk was. Thuis werd hij opgewacht door Brian en Danique, die hem opnieuw omhelsden en feliciteerden.

Het was een triomf, niet alleen voor Julian, maar voor iedereen die in hem had geloofd. Brian wist dat er nog vele uitdagingen zouden komen. Hij wist ook dat Natas waarschijnlijk een hoop negativiteit zou brengen. Maar die gedachten hield hij even op afstand. Vandaag was voor Julian, vandaag vierde ze zijn overwinning.

Op zondagavond, na het terugbrengen van Julian naar de instelling, zat Brian achter zijn laptop. De stilte werd slechts doorbroken door het zachte gezoem van het apparaat en het gerinkel van het koffiekopje van Danique die tv zat te kijken op de bank. Terwijl hij zijn weekendverslag afmaakte, voelde hij een mengeling van trots en opluchting. Hij had goed nieuws te delen; Julian had een geweldige eerste werkdag gehad bij de koffiecorner. Dit was een overwinning, niet alleen voor Julian, maar voor hen beiden.

Brian begon de e-mail met een nauwgezet verslag van de gebeurtenissen. Hij richtte zich tot de begeleiders en de coördinator van de instelling, evenals Julians moeder, Natas. Hij wist dat het noodzakelijk was om volledig transparant te zijn en eventuele misverstanden te voorkomen, vooral met Natas. Daarom vermeldde hij duidelijk dat de coördinator al op de hoogte was en dat Julian een uitstekende eerste werkdag achter de rug had.

De cursor knipperde even, een moment van rust voordat hij op 'Verzenden' klikte. Voor Brian voelde dit als een moment van triomf. Julian had hard gewerkt, en dit was zijn beloning. Hij besloot lekker samen met Danique de avond door te brengen met een goede film, gerustgesteld door de gedachte dat hij alles correct had gecommuniceerd.

Die geruststelling was echter van korte duur. De volgende ochtend, nog voordat de zon volledig was opgegaan, ontving Brian een furieuze e-mail van Natas. Haar woorden sneden als een scheermes door de kalmte van zijn ochtend.

"Ik eis dat Julian per direct stopt met werken. Hij is totaal niet geschrikt om welk werk dan ook uit te voeren. Hij zit niet voor niks in een instelling voor verstandelijk gehandicapten!!" sneerde haar woorden over het beeldscherm.

"En deze beslissing had jij helemaal niet mogen nemen Brian!! de enige die dat beslist, dat ben ik. Ik heb gezag over Julian dus ik bepaal wat hij wel of niet doet en niet JIJ!" Waren haar woorden hard.

Met elke zin die hij las borrelde Brian zijn woede meer en meer op.

"Hoelang gaat ze nog door met haar zieke spelletjes om Julian zijn leven onmogelijk te maken en wanneer gaan andere haar manipulaties en leugens nu eens inzien": vroeg Brian zich wanhopig af.

Ze sloot haar mail snerend af met het feit dat Brian altijd al een onverantwoorde vader was geweest en dit bleek wel weer uit deze actie. Want als Julian door zijn gedragsstoornis een woedeaanval zou krijgen op zijn werk zouden er zomaar eens slachtoffers kunnen vallen.

"Gedragsstoornis" dacht Brian vermoeid "de enige die hier een stoornis heeft ben jij Natas, alleen jammer dat niemand van de instanties dat doorheeft."
De woorden bonkten na in Brians hoofd, een storm van emoties die hij probeerde te bedwingen maakte meester van hem.

Hij wist dat Natas er alles aan zou doen om een normaal leven voor Julian onmogelijk te maken, maar de intensiteit van haar reactie verraste hem toch. Hij klikte de e-mail weg, haalde even diep adem, zich tegelijk realiserend dat de strijd om Julians toekomst nog lang niet gestreden was.

##47##

Diezelfde dag kwam er ook een reactie van de coördinator. De toon was bedeesd maar ferm, een geruststellend baken van rede te midden van de chaos. De coördinator stelde duidelijk dat Brian evenveel rechten had om beslissingen te nemen over Julians werk, daar ook Brian gezag had.
Met een vleugje humor en een vleugje sarcasme merkte hij op dat Julian blijkbaar wel degelijk geschikt was voor het werk, anders had hij niet zo'n goede eerste dag gehad en had vader verantwoord gehandeld.
"Zou het niet kunnen zijn dat Julian meer kan dan u denkt?" merkte hij op richting Natas. Uiteraard zou dit weer verkeerd vallen bij haar, maar daar leek de coördinator niet mee te zitten.
Hij wenste Julian veel succes en benadrukte de positieve kanten van zijn inzet en bleef graag op de hoogte van de vorderingen.
Deze e-mail voelde als een warm doekje voor Brian zijn ziel. De coördinator zag de potentie van Julian nu wel in ondanks zijn

eerdere twijfels en erkende Brians inspanningen. Het gaf Brian de moed om door te gaan, ondanks de enorme tegenstand van Natas.

Het leven van Brian en Julian werd niet gekenmerkt door eenvoud. Elke stap voorwaarts werd vaak gevolgd door twee stappen terug, vooral wanneer Natas betrokken was met haar manipulaties en leugens waar de instanties nog steeds in leken te trappen.

Elke keer als Julian door de deur van de koffiecorner stapte, voelde hij een sprankje hoop. Het werk was eenvoudig: klanten bedienen, koffie zetten, tafels schoonmaken.

Maar voor Julian was het een plek waar hij zichzelf kon zijn en waar hij gewaardeerd werd om zijn inzet. Zijn zelfvertrouwen groeide met de week, en dit was te merken. Collega's waardeerden zijn toewijding en zelfs vaste klanten begonnen hem bij naam te noemen en te vragen naar zijn welzijn.

"Goedemorgen, Julian! Hoe gaat het vandaag?" vroeg één van de trouwe klanten terwijl hij zijn gebruikelijke cappuccino bestelde.

"Goedemorgen! Het gaat goed, bedankt voor het vragen. Uw cappuccino komt eraan," antwoordde Julian met een brede lach.

Elke vriendelijke interactie sterkte hem in zijn gevoel van eigenwaarde. Het was een wereld verwijderd van de constante kritiek en manipulaties van zijn moeder en de eenzaamheid door de weeks in de instelling.

Natas, kon deze positieve verandering in haar zoon niet verdragen. Ze bleef vasthouden aan haar eigen verdraaide versie van de werkelijkheid waarin Julian onvoldoende was en afhankelijk moest zijn van haar en de begeleiders van de instelling. Ze stuurde leugenachtige berichten naar instanties, waarin ze beweerde dat Julian niet capabel was om te werken en eiste dat ze achter haar beslissing zouden staan, zodat hij zou stoppen.

De coördinator van de instelling zag wat er gebeurde. Nadat hij keer op keer Natas' verhalen had gehoord en in tegenspraak had gezien met Julians prestaties, besloot hij actie te ondernemen.

"Julian, ik ben trots op je," zei de coördinator tijdens hun maandelijkse gesprek. "Je doet het geweldig hier. Maar we moeten iets doen aan je moeders voortdurende pogingen om je tegen te houden."

Julian voelde een golf van opluchting. Eindelijk iemand die haar doorhad.

"Wat kunnen we doen?" vroeg hij met een mengeling van hoop en wanhoop.

"We kunnen haar waarschuwen en de RvdK op de hoogte stellen van jouw rechten. Je bent zeventien, Julian, en je hebt ook rechten," zei de coördinator vastberaden.

De coördinator nam contact op met de RvdK en legde de situatie uit. Hoewel ze Julians rechten erkenden, vonden ze toch dat er enige vorm van communicatie met Natas moest blijven, omdat volgens hun een kind contact met beide ouders diende te hebben.

Julian zag ertegenop, maar volgde het advies van de coördinator op en schreef, met hulp van zijn begeleider, een brief naar zijn moeder waarin hij uitlegde hoe het met hem ging en dat hij graag wilde blijven werken, want daar voelde hij zich goed en gewaardeerd.

Zoals verwacht, gaf Natas geen reactie. Haar stilzwijgen was even pijnlijk als haar leugens, maar het was voor Julian ook een bevestiging dat hij de juiste keuze had gemaakt. Hij meldde bij de coördinator dat dit echt de laatste keer was dat hij contact met haar zou zoeken en ook echt geen contact meer met haar wilde.

"Ze reageert toch niet en ziet de werkelijkheid niet onder ogen. Voor haar ben ik een mongool en dat zal nooit veranderen," zei Julian met een mengeling van teleurstelling en vastberadenheid.

De coördinator legde nogmaals het verhaal bij de RvdK neer en benadrukte Julians rechten en zijn wens om zelfstandig te kunnen werken zonder bemoeienis.

In de weken die volgden, bleef Julian groeien. Hij was niet langer de onzekere jongen die bang was en leefde onder de invloeden van zijn moeder. Hij werd een jongeman die voor zichzelf opkwam en wist wat hij wilde: zijn eigen leven leiden, vrij van toxische invloeden.

##48##

Het was een zonnige ochtend toen Julian, Brian, Danique en zijn twee zusjes de koffers in de auto laadden. De langverwachte vakantie naar Italië stond voor de deur en de opwinding was voelbaar in de lucht. Julian had zich al weken verheugd op deze reis. Het was een welkome ontsnapping van de turbulente tijden.

Toch hing er een schaduw over hun vertrek, een complicatie die hen constant achtervolgde: "Natas", Julians biologische moeder.

Natas had zich fel verzet tegen de vakantie. Ze weigerde toestemming te geven en eiste dat Julian in de instelling zou blijven. Het leek er op dat ze geen rust zou vinden totdat haar zin werd doorgedrukt.

Uiteindelijk, na de moeizame bemiddeling van de coördinator, had ze met tegenzin ingestemd. Wat een avontuur zou dit worden, dacht Julian nog, onwetend van de adembenemende wendingen die hen te wachten stonden.

De eerste dagen in Italië waren magisch. De familie genoot van het warme weer en de dagen vulden zich met zwempartijen, ijsjes eten,de heerlijke pasta's en de eindeloze wandelingen door pittoreske dorpjes. Julian bloeide helemaal op.

Weg van de spanningen op de instelling en de dramatische trek en duwspelletjes van zijn moeder. Voor het eerst in lange tijd voelde hij zich ontspannen.

Brian voelde zich opgelucht, terwijl Julian en zijn familie genoten van de rust en gezelligheid die deze vakantie hen bracht.

Toch hing er een onzichtbare sluier van zorgen over Brian. De laatste woorden van Natas, vlak voor hun vertrek, spookten nog steeds door zijn hoofd.

Hij had immers officieel toestemming gekregen, zwart op wit, bemiddeld door de coördinator zelf. Maar iets aan de manier waarop Natas het hele proces had tegengewerkt gaf hem een onbehaaglijk gevoel.

Toen de vakantie ten einde liep en ze weer naar huis reden, dacht Brian terug aan de fijne tijd met elkaar en wat een rust het hun gezin gebracht had. Maar daar vergiste hij zich lelijk in. Bij thuiskomst lag er een brief op de deurmat van de rechtbank, die hun wereld op zijn kop zette.

Terwijl Julian zijn koffer naar binnen sleurde en zijn zusjes lachend de woonkamer in renden, voelde Brian een knoop in zijn maag toen hij de brief opende.

De brief beschreef een zitting in de rechtbank over Julian, een zitting waarvan zij niets af wisten. Iedereen, waaronder de Raad van de Kinderbescherming (RvdK), de instelling, het Centrum voor Consultatie en Expertise (CCE), en Natas, had geweten dat Brian en Julian op vakantie waren.

En juist tijdens hun afwezigheid was deze cruciale zitting gepland. Waarom was er niet om uitstel gevraagd? Waarom had niemand hem op de hoogte gebracht!?

Het vonnis kwam als een donderslag bij heldere hemel; De rechter had besloten dat Julian een ondertoezichtstelling (OTS) en een uithuisplaatsing (UHP) kreeg opgelegd, omdat de ouders niet goed met elkaar communiceerden en dat Natas tijdens de zitting had verklaard dat "Brian, Julian zonder haar toestemming had meegenomen op vakantie." De rechter had dit als ontvoering aangemerkt.

De gebeurtenissen onthulden een duistere realiteit: Natas had de gehele situatie wederom weten te manipuleren en waren Brian en Julian niet aanwezig om dit tegen te spreken waardoor ze alle kans had haar verachtelijke spelletje voort te zetten zonder tegenspraak. Daardoor had ze iedereen doen geloven dat Brian de boeman was. Haar leugens waren zo geraffineerd dat zelfs de rechter erin trapte. Brian voelde de vloer onder zijn voeten wegzakken. Dit kon niet waar zijn. Hij had immers toestemming, bemiddeld door de coördinator! Verbijsterd en woedend nam Brian direct contact op met de coördinator.

Hoe kon dit gebeuren? Hij had immers toestemming van Natas, bevestigd door dezelfde coördinator die nu aan de andere kant van de lijn zat. Deze bevestigde dat hij het ook gelezen had en inderdaad de toestemming van Natas had gekregen.

Maar waarom was dit dan gebeurd? Hoe kon de rechter zo misleid worden door de manipulaties en leugens van Natas? En waarom is die zitting überhaupt doorgegaan tijdens hun vakantie? Zelfs met de bewijzen in de hand leek de waarheid een bittere pil te zijn die niemand wilde slikken.

De dagen die volgden stonden in het teken van telefoontjes, e-mails, en eindeloze gesprekken met advocaten en kinderbeschermers. Brian was vastbesloten om de waarheid boven tafel te krijgen. Hij wist dat Natas een meester was in psychologische spelletjes en manipulatie, maar hij weigerde toe te staan dat haar leugens het leven van Julian zou blijven verwoesten. Samen met Danique aan zijn zijde en een advocaat die ze eindelijk gevonden hadden, ééntje die door manipulaties en leugens van de tegenpartij kon kijken, begonnen ze aan een juridische strijd die hen tot het uiterste zou drijven.

De vakantie die zo hoopvol begon, eindigde in een nachtmerrie. Brian en Julian voelden zich verraden en machteloos. Het was alsof ze gevangen bleven zitten in een web van leugens en manipulatie door Natas die hun steeds een stap voor was. De instellingen, die hen hadden moeten beschermen, hadden hen in de steek gelaten door de valse spelletjes van een gestoorde moeder.

In de nasleep van een uitspraak die zijn leven op zijn kop zette, bevond Julian zich midden in een emotionele storm. De woorden van zijn vader, Brian, echoden in zijn hoofd: de brief, de uitspraak van de rechtbank, een wirwar van leugens en gemanipuleerde waarheden.

Hoe was het mogelijk dat zijn moeder zoveel onwaarheden kon vertellen en dat een rechter haar geloofde? Waarom had de Raad van de Kinderbescherming niet ingegrepen en bevestigd dat de vakantie met zijn vader wel degelijk met toestemming van zijn moeder had plaatsgevonden?

De gevoelens van onmacht, woede en verraad overspoelden Julian en hij wist niet hoe hij hiermee om moest gaan. Wat volgde, was een aangrijpende avond vol tranen en intense emoties.

49

Brian had het nieuws voorzichtig gebracht, maar de impact was onvermijdelijk.

Julian, die al zo lang aan het vechten was samen met zijn vader voor een beetje rechtvaardigheid, zag dit als de druppel die de emmer deed overlopen. Met een bonzend hart stormde hij naar zijn kamer. Met tranen brandend achter zijn ogen sloeg hij de deur dicht en liet zich op zijn bed vallen. Het was alsof de muren op hem afkwamen, de lucht om hem heen dik en verstikkend was. Gedachten schoten door zijn hoofd, elk als een dolk die dieper en dieper sneed in zijn ziel. Hoe kon zijn moeder hem dit aandoen? Welke oorzaak had hij haar ooit gegeven om zo'n wreed spel met zijn leven te spelen? Als ze zo'n hekel had aan hem, waarom had ze hem dan ooit op de wereld gezet?

Zijn lichaam schokte van de tranen die hij niet langer kon tegenhouden. Hij huilde luid, zijn pijn weerkaatsend door zijn kamer.

In het holst van deze duisternis vond Danique hem. Ze had Julian vanaf het begin al als haar eigen zoon beschouwd en de pijn die ze nu zag, sneed door haar eigen hart. Zonder een woord te zeggen, liep ze naar hem toe, haar armen strekkend naar de gebroken jongen voor haar.

Julian voelde haar armen om zich heen en zonder enige aarzeling viel hij huilend in haar omhelzing. Danique hield hem vast, wiegend zoals je een klein kind zou wiegen dat een nachtmerrie had gehad. Ze probeerde woorden van troost te vinden, maar wist dat geen enkele zin de pijn die hij voelde zou kunnen verlichten. Ze luisterde naar zijn snikkende vraag:

"Waarom doet ze mij dit aan, Danique? Als ze zo'n hekel aan mij heeft, waarom heeft ze me dan gemaakt of geboren laten worden? Alleen maar om mijn leven zuur te maken?" Zijn stem brak en zijn verdriet was hartverscheurend.

Terwijl ze hem bleef sussen, vroeg Danique zich af hoe een moeder haar eigen kind zoiets kon aandoen. De vraag die nooit een antwoord zou krijgen, bleef in haar hoofd weerklinken: waarom zou een moeder haar eigen vlees en bloed zo verraden?

Was het haat, wraak, of iets anders dat haar tot zulke onmenselijke daden dreef? Danique wist het niet.

Wie had ooit gedacht dat een moeder zo'n controle kon uitoefenen over het systeem dat bedoeld was om kinderen te beschermen? Hoe kon ze artsen, psychologen en zorgmedewerkers, ja zelfs een rechter zo manipuleren dat iedereen haar leugens geloofde?

Het was een bizarre, bijna surrealistische werkelijkheid waarin ze leefden.

Toch, ondanks het woede van deze donkere krachten, was er een lichtpuntje: de onvoorwaardelijke liefde en steun van Brian en Danique. Samen met de aangenomen advocaat zouden ze terugvechten en de waarheid aan het licht brengen en zo hopelijk een einde maken aan deze nachtmerrie.

##50##

De rechtszaal had een troosteloze plek van wanhoop en verlies voor Julian en zijn vader Brian in hun hart geboord. Hun vertrouwen in het juridische systeem was afgebrokkeld door eindeloze tegenslagen en onrechtvaardige beslissingen.

Maar de komst van een advocaat bracht onverwacht een fris briesje van hoop.

Na jaren van juridische strijd leek het alsof er eindelijk iemand was die echt luisterde, iemand die bereid was om de ware toedracht van Julians tragische verhaal bloot te leggen.

Brian en Julian voelde zich onwennig toen ze in het advocatenkantoor zaten.

De advocaat "van Buuren", een man met scherpe ogen en een vastberaden uitstraling, had een aura van daadkracht om zich heen.

Hij boog zich voorover achter zijn bureau en keek Julian en zijn vader indringend aan.

"Ik heb jullie dossier grondig doorgenomen," begon hij, zijn stem kalm maar doordringend. "En ik moet zeggen, ik ben geschokt door de hoeveelheid onrecht die jullie is aangedaan."

De woorden van "van Buuren"schokte Julian. Was er dan toch iemand die zag wat hij al die tijd had gevoeld? De onrechtvaardigheid, de manipulatie, de leugens; eindelijk leek iemand deze te erkennen.

"Wat zijn onze opties?" vroeg Brian, zijn stem trilde van hoop.

Van Buuren leunde naar voren, zijn blik vastberaden. "We gaan alles opnieuw aanvechten. Ik wil alle medische rapporten herzien en getuigen opnieuw oproepen. Het is tijd dat de waarheid aan het licht komt en Julian naar huis kan."

Julian kreeg een sprankje hoop; voor het eerst in lange tijd geloofde hij dat verandering mogelijk was.

De daaropvolgende weken stonden in het teken van onophoudelijk werken en strategiebesprekingen. Brian werkte nauw samen met de advocaat, die meer werd dan alleen een juridische vertegenwoordiger; hij werd een mentor en vertrouwenspersoon.

Ze bespraken strategieën, verzamelden nieuw bewijsmateriaal en bereidden zich minutieus voor op de confrontatie met de tegenpartij. De advocaat schuwde geen enkele moeite om de waarheid naar boven te halen. "We moeten alles in het werk stellen om deze zaak te winnen," zei hij vastberaden.

Julian en Brian voelden zich voor het eerst in lange tijd gehoord en begrepen. De advocaat stelde vragen die niemand eerder had gesteld en keek voorbij de façade die zijn moeder had opgebouwd.

De waarheid, die zo lang onderdrukt was door manipulatie en leugens, begon langzaam maar zeker aan de oppervlakte te komen. Julians verhaal, dat altijd in de schaduw van zijn moeders manipulaties had gestaan kreeg een nieuw licht.

De advocaat ontdekte bewijsmateriaal dat niet alleen het verhaal van Julian, maar ook de leugens en psychologische spelletjes van zijn moeder blootlegde.

Het was een openbaring die hen beiden diep raakte en hen vastberaden maakte om door te zetten.

Met elke dag die voorbijging, groeide hun vertrouwen. Ondanks de jaren van ellende en tegenslagen voelden Julian en zijn vader voor het eerst dat ze een kans hadden om gerechtigheid te verkrijgen. De advocaat had niet alleen hun zaak nieuw leven ingeblazen, maar ook hun geloof in de mogelijkheid van eerlijke rechtspraak.

De strijd was nog niet voorbij, maar met een bondgenoot zoals deze advocaat, voelde het alsof ze eindelijk de kracht hadden om de waarheid aan het licht te brengen. Julians tragische reis en de onrechtvaardigheid die hij had ervaren, diende nu als een waarschuwing voor anderen.

##51##

De zon scheen fel door de ramen van het advocatenkantoor, terwijl Van Buuren zich over de stapel papieren boog die Julians leven weerspiegelden.

Hij keek naar de diagnostische rapporten die de basis vormden voor de onheuse behandeling die Julian had ondergaan. Van Buuren was een ervaren advocaat, scherpzinnig en met een onmiskenbaar rechtvaardigheidsgevoel. Terwijl hij de papieren doorbladerde, viel zijn oog op een cruciaal detail; een ontbrekende handtekening.

De afwezigheid van deze handtekening betekende niet alleen dat het diagnostisch rapport ongeldig was, maar het opende ook de deur naar een herziening van Julians hele medisch dossier. Van Buuren herinnerde zich de keer dat hij Julian had ontmoet. Hij zag geen jongeman die verstandelijk beperkt was, maar een jongen met gezonde geestelijke vermogens, verstrikt in een web van leugens door zijn eigen moeder.

Van Buuren wist dat hij voorzichtig moest zijn. Hij nam contact op met Brian en deelde zijn bevindingen. Brian, die al jaren worstelde met gevoelens van machteloosheid en wanhoop, voelde eindelijk een sprankje hoop.

Van Buuren stelde voor om Julian opnieuw te laten testen door een betrouwbare arts, Dr. Verbeek, de arts die Julian momenteel hielp met het afbouwen van zijn medicatie en die zuiver op de graat was. Brian stemde toe en beloofde contact op te nemen met deze arts.

Het was een delicate situatie. Brian wist dat ze iemand nodig hadden die aan Julians kant stond, iemand die niet beïnvloed was door de manipulaties van zijn moeder.

De arts, Dr. Verbeek,was een gerespecteerde professional die al enige tijd met Julian werkte. Hij was bekend met Julians ware gemoedstoestand en had een objectief en eerlijk oordeel.

Brian voelde een mengeling van vastberadenheid en angst toen hij besloot contact op te nemen met Dr. Verbeek, de VG arts van zijn zoon Julian. Dr. Verbeek was al lange tijd betrokken bij Julians gezondheidszorg en had met succes geholpen bij het afbouwen van zijn medicatie, een proces dat tot nu toe buitengewoon goed verliep.

Maar nu stond Brian voor een nieuwe uitdaging: het verzoek van de advocaat voor een nieuw diagnostisch onderzoek, omdat het vorige onderzoek van een andere psycholoog niet rechtsgeldig bleek te zijn. De vraag was, zou Dr. Verbeek bereid zijn om hen hierbij te helpen?

Toen Brian de telefoon opnam om Dr. Verbeek te bellen, kon hij zijn zenuwen nauwelijks bedwingen. Nadat Dr. Verbeek antwoordde, vertelde Brian hem over het verzoek van de advocaat en vroeg hem of hij een nieuw, rechtsgeldig diagnostisch onderzoek kon uitvoeren of 'laten' uitvoeren bij Julian.

Dr. Verbeek, die al lange tijd zijn twijfels had over de eerdere diagnoses van Julian, was uiteraard bereid om te helpen. Hij wist hoe moeilijk het was voor Brian en Danique om telkens weer geconfronteerd te worden met nieuwe obstakels in hun zoektocht naar de waarheid.

Hij besloot contact op te nemen met Dr. Tjallaard, een gerenommeerde collega die bekend stond om zijn eerlijkheid, nauwkeurigheid en de rechtsgeldigheid van zijn werk.

Dr. Verbeek legde de situatie voor aan Dr. Tjallaard, die meteen bereid was om te helpen. Brian voelde een golf van opluchting toen hij dit nieuws hoorde, maar deze opluchting werd al snel overschaduwd door een nieuwe zorg: de financiële last.

De rekening voor dit nieuwe onderzoek zou weer door Brian en Danique betaald moeten worden, daar ze vanuit het zorgkantoor en de instelling de vorige keer ook al geen medewerking kon verwachten. Met de inmiddels drie jaar durende strijd en de bijbehorende kosten, was hun financiële situatie precair.

In een moment van diepe wanhoop wendde Brian zich tot zijn familie. Hij vertelde hen over de noodzaak van het nieuwe onderzoek en de onmogelijkheid om dit zelf nog te bekostigen. Tot zijn grote opluchting en dankbaarheid besloot zijn familie hen financieel te ondersteunen, zodat het onderzoek kon doorgaan.

##52##

De nieuwe tests werden gepland onder het toeziend oog van Dr. Tjallaard, een onpartijdige arts die de situatie grondig begreep.

In deze periode merkte Julian dat er veranderingen plaatsvonden in zichzelf. Misschien omdat hij ondertussen 17 jaar was en dus weer een jaar ouder dan bij zijn vorige testen.

Maar hij voelde zich lichter, optimistischer, alsof de zware mantel van misverstanden en beschuldigingen eindelijk van zijn schouders werd gehaald. Er waren momenten van frustratie en pijn, maar ook van hoop en bevrijding, omdat hij erop vertrouwde dat de uitslag hetzelfde zou zijn als vorig jaar.

De dag van de nieuwe diagnostische tests was aangebroken. Julian, meer bewust van de waarheid dan ooit tevoren, voelde de spanning door zijn lichaam gieren.

Deze dag zou een keerpunt kunnen betekenen in zijn leven en mogelijk een doorslaggevende rol spelen in de komende rechtszitting. Hoe hij hier ook op was voorbereid, niets kon de zenuwen volledig temperen die hem nu in hun greep hielden.

Julian stak de donkere gang van het ziekenhuis over, zijn hart bonkend in zijn borstkas. Dr. Tjallaard, een man van onberispelijke zorgvuldigheid en precisie, wachtte hem op in de behandelkamer. Dr. Tjallaard wist dat elk detail van de tests cruciaal zou zijn voor Julians toekomst.

Julian zette zich schrap op de stoel en voelde de kalme blik van de dokter op hem rusten. Hij herinnerde zich de lange gesprekken, de avonden waarin hij zijn gedachten liet gaan over wat er gebeurd was, de nachten waarin hij wakker lag en de dagen waarin hij worstelde om door te gaan. De vragen over zijn verleden, over zijn moeder, trokken hem terug naar een duistere plek vol mishandelingen en harteloze haat.

Julian had het emotioneel zwaar. De vragen over zijn verleden, de pijnlijke herinneringen aan zijn moeder waren als scherpe kervingen op zijn ziel. Haar manipulaties, leugens en psychologische spelletjes hadden diepe littekens achtergelaten.

Ondanks alles probeerde hij zich te concentreren op de onderzoeken. Dr. Tjallaard, die de spanning bij Julian duidelijk kon voelen, anticipeerde hier goed op. Met kalme, geruststellende woorden bracht hij Julian tot rust, genoeg zodat hij zich kon focussen op de tests.

Uren verstreken terwijl Dr. Tjallaard en zijn team hun werk deden. Elk detail werd minutieus vastgelegd, iedere observatie zorgvuldig genoteerd. Julian onderging een batterij van testen, van psychologische evaluaties tot neurologische scans.

Het was een uitputtende ervaring, zowel fysiek als mentaal, maar Julian bleef sterk.

Hij wist dat dit zijn enige kans was om de waarheid aan het licht te brengen en om zichzelf te bevrijden van de ketenen van zijn verleden.

Na wat een eeuwigheid leek, beëindigde Dr. Tjallaard eindelijk de laatste test. Julian voelde zijn lichaam ontspannen.

Dr. Tjallaard keek hem aan met de gebruikelijke professionele kalmte, maar Julian kon de onderliggende bezorgdheid in zijn ogen zien wat hem toch enigszins angst in boezemde.

Zou de uitslag wel zijn zoals vorig jaar? Of zou er uitkomen, dat ik toch hoor, waar mijn moeder van bleef beweren, tot bij de rechter aan toe, dat ik hoor te zitten? In een instelling achter gesloten deuren als verstandelijk gehandicapte met een VG7 op zijn hoofd voor de rest van zijn leven?

De spanning en onzekerheid werd Julian bijna te veel.

"Ik heb genoeg informatie verzameld om een nieuwe diagnose te kunnen stellen," zei Dr. Tjallaard uiteindelijk. "Maar eerst ga ik op vakantie, dus de uitslag zal nog even op zich laten wachten."

Julian knikte, een mix van opluchting en frustratie voelend. Het was voorbij. Voor nu in ieder geval.

De spanning van de dag leek van zijn schouders te glijden terwijl hij de behandelkamer verliet. In de wachtruimte stonden zijn vader en Danique, hem op te wachten. Brian omhelsde zijn zoon stevig en

Danique wees naar een bankje waar Julian eindelijk kon gaan zitten en bijkomen.

Julian leunde tegen zijn vader aan in een vertrouwde en veilig voelende omhelzing, terwijl Danique zijn hand vast hield. Opgelucht dat het voorbij was, maar zich ook bewust van de weg die nog voor hem lag. De waarheid was binnen handbereik, maar hij moest nog even geduld hebben.

##53##

Na de rollercoaster van emotionele en juridische wendingen was er eindelijk een adempauze voor Julian en zijn familie. De laatste weken hadden in het teken gestaan van intense diagnostische onderzoeken en slopende gesprekken met hun advocaat.

Het was alsof ze voortdurend op een dun koord balanceerden, bang om elk moment in de afgrond te vallen. Maar nu, even, was er een moment van relatieve rust en ontspanning in huis.

De dagen begonnen zich weer in een herkenbaar ritme te herhalen. Brian stond vroeg op om naar zijn werk te gaan, gevolgd door Danique die zich klaarmaakte voor haar eigen werkdag. De meiden, altijd vol leven en energie, vertrokken naar school met hun rugzakken vol boeken en dromen. En dan was er Julian, die nog altijd in de groep verbleef, maar nu nog maar van zondag tot donderdagavond.

Het leven had een vreemde manieren om een gevoel van normaliteit te brengen in momenten van chaos. Julian had het geluk dat hij in de koffiecorner mocht werken, iets wat hem niet alleen plezier, maar ook een gevoel van een doel gaf.

De warme geur van versgemalen koffiebonen en de gezellige gesprekken met klanten brachten evenwicht in zijn anders zo turbulente leven. Het was zelfs zodanig goed gegaan dat hij nu ook op vrijdagen mocht werken, wat hem een extra dag eerder naar huis bracht.

Een typische vrijdagdagochtend begon met de gebruikelijke hectiek. De keuken vulde zich met het geluid van de koffiemachine, de geur van geroosterd brood en de zachte stemmen van de meiden die plannen maakten voor hun schooldag. Brian en Danique wisselden blikken en glimlachten naar elkaar, een stille erkenning van hun gezamenlijke inspanning om het gezin bij elkaar te houden.

Julian kwam de trap af met een glimlach die net zo warm was als de koffie die hij serveerde. Voor even leek alles normaal. Het was verbazingwekkend hoe snel een mens zich kon aanpassen, zelfs aan de meest ongebruikelijke situaties. Zijn werk in de koffiecorner was meer dan alleen een baantje; het was een reddingslijn naar een beetje normaliteit en zelfstandigheid.

Julian had zijn rugzak al klaarstaan voor zijn dag in de koffiecorner en de meiden schoten als raketten uit de deur richting school. In de drukte merkte Danique echter iets op wat haar niet lekker zat: Brian zag er witjes uit.

"Alles goed met je?" vroeg ze, bezorgd kijkend naar haar man.

Brian knikte traag en glimlachte zwakjes. "Ja, het gaat wel. Ik heb gewoon een beetje hoofdpijn. Een paracetamol erin en dan komt het wel goed."

Nadat de rest van het gezin hun eigen weg ging, gaf Danique Brian nog een laatste, onderzoekende blik. Hoewel hij haar verzekerde dat alles in orde was, voelde ze een knagende bezorgdheid die ze niet kon negeren. Ze gaf hem een kus en een knuffel en zag hem vertrekken naar zijn werk. Zelf besloot ze om de dag rustig te beginnen, voor ze thuis aan het werk zou gaan, met een kop koffie. Terwijl ze in de keuken bezig was, hoorde ze een vreemd geluid buiten. Ze keek op en zag tot haar verbazing hun auto al weer op de oprit staan. Zonder erbij na te denken, liep ze naar de hal om te kijken wat er aan de hand was. De voordeur ging open en daar stond Brian, lijkwit en met een verwrongen gezicht van pijn. Voor ze iets kon zeggen, zakte hij in elkaar.

"Brian!" gilde ze en ze snelde naar hem toe. Haar hart bonsde in haar borstkas terwijl ze zich over hem heen boog. Zijn ogen gingen langzaam open en hij greep naar zijn hoofd, kreunend van de pijn. "Ik... ik heb gewoon een enorme hoofdpijn," mompelde hij. Zijn stem was zwak, bijna onhoorbaar.

"Ik bel een ambulance," zei Danique beslist, maar Brian schudde langzaam zijn hoofd en greep haar arm.
"Nee, echt niet. Ik ga gewoon even liggen. Het gaat straks wel over," zei hij, zijn stem koortsachtig.
Danique voelde een mengeling van angst en frustratie opborrelen. Ze wist dat hij koppig kon zijn en dat hij soms zijn eigen grenzen niet kende. Maar dit was anders. Ze keek hem aan, hopend hem over te kunnen halen, maar zijn ogen sloten zich alweer en hij leek te versmelten met de vloer.
De rest van de dag was een waas van zorgen en waken en meld Danique Brian ziek op zijn werk.
Terwijl Brian in bed lag, dacht Danique aan de momenten van die ochtend. Ze probeerde hem te overreden om naar een dokter te gaan, maar hij bleef koppig volhouden dat rust de oplossing was. Met een mengeling van liefde en wanhoop legde ze een vochtige doek op zijn voorhoofd en bad dat hij gelijk had.
Julian had ondertussen in de koffiecorner nietsvermoedend zijn werkdag doorgebracht. Hij wist niet dat het leven thuis even stil was komen te staan. Toen hij aan het eind van de dag thuiskwam, zag hij meteen de onrust in de ogen van Danique.
"Wat is er gebeurd?" vroeg hij, bezorgd kijkend naar haar.
"Je vader... hij was echt ziek vanmorgen. Hij wilde geen dokter zien, maar ik maak me zorgen," antwoordde Danique, haar stem trillend van vermoeidheid en stress.

Julian knikte en liep naar de slaapkamer om bij zijn vader te zitten. Terwijl hij daar zat, bekroop hem een gevoel van onbehagen.

"Pa, ik weet dat je niet naar de dokter wil" zei Julian. "Maar wil je het dan alsjeblieft voor mij doen? Ik maak me zorgen en ik wil dat het goed gaat met je."

Brian keek Julian aan die naast hem zat, met tranen in zijn ogen van ingehouden emoties.

Brian knikt zacht en geeft aan dat Danique de huisartsenpost dan maar moet bellen en informeren of het echt belangrijk is om langs te komen.

"Hallo, u spreekt met Danique," begon ze, haar stem trillerig. "Ik bel omdat mijn man, Brian, vanmorgen lijkwit werd en in elkaar zakte door een enorme hoofdpijn. Hij had zoveel pijn dat hij nauwelijks kon praten. Ik wist niet wat ik moest doen, ik wilde de ambulance bellen, maar hij zei dat hij gewoon even moest liggen. Maar ik maak me grote zorgen."

Aan de andere kant van de lijn reageerde de arts kalm maar resoluut. "Mevrouw, dit klinkt ernstig. Dit kunnen symptomen zijn van een hersenbloeding. U had direct moeten handelen. Elke seconde is cruciaal in zulke gevallen."

Danique slikte. Ze voelde een steek van schuld en spijt. "Wat moet ik nu doen?" vroeg ze haastig.

De arts gaf duidelijke instructies: "Breng hem zo snel mogelijk naar het ziekenhuis. We moeten dit onderzoeken. Het kan niet wachten."

Julian, die al die tijd naast haar stond, nam een diepe ademhaling. "Ik blijf thuis," zei hij tegen Danique. "Ik zorg ervoor dat ik Aimee en Amber opvang wanneer ze straks uit school komen." Hij voelde de verantwoordelijkheid zwaar op zijn schouders drukken, maar wist dat hij dit moest doen ook al wilde hij liever met zijn vader mee.

##54##

Danique en Brian haastten zich naar het ziekenhuis. De rit leek eindeloos, elke verkeersdrempel voelde als een obstakel dat hen verder van hun doel hield. Bij aankomst werd Brian onmiddellijk onderzocht.

Een MRI-scan onthulde de schokkende waarheid: "er zat een aneurysma in zijn hoofd".

De artsen handelden snel en brachten een ambulance in gereedheid om hem naar het Universitair Medisch Centrum (UMC) te vervoeren voor een dringende operatie.

Maar, voordat ze hem konden verplaatsen moest er nog een punctie worden gedaan om te controleren of er bloed in zijn hersenen zat. De eerste pogingen slaagden niet; de naald vond maar niet de juiste plek. Brian kreunde van de pijn, zijn gezicht vertrokken in een pijnlijke grimas. De verpleger, zichtbaar gefrustreerd, gaf hem uiteindelijk een flinke verdoving via zijn neus. Eindelijk, na wat een eeuwigheid leek, lukte het de punctie uit te voeren.

De nacht viel over het stadsziekenhuis, terwijl Brian werd overgebracht naar de recovery room na de intensieve punctie procedure. De sfeer in de stille gangen was geladen met spanning en stille hoop.

De uren die verstreken leken eindeloos voor Danique, die nerveus in de wachtkamer rondliep, wachtend op nieuws over haar man. Danique was uitgeput van het lange wachten en de onderliggende angst die elke seconde zwaarder leek te drukken.

Dezelfde verpleger die Brian eerder had verdoofd, kwam haar ophalen. Hij glimlachte geruststellend naar haar, hoewel de vermoeidheid ook in zijn ogen te lezen was. "Het duurde even," zei hij tegen Danique terwijl hij haar leidde naar de recovery room, "maar uiteindelijk is het gelukt. Nu is het even wachten op de uitslag."

Terwijl ze samen door de gangen liepen, waarschuwde de verpleger haar: "Mensen die zo'n verdoving hebben gekregen, kunnen daarna best wel een beetje 'raar' gaan doen als de verdoving nog niet uitgewerkt is."

Danique knikte, hoewel haar hart sneller begon te kloppen. De gedachte aan Brian, haar sterke en altijd rationele man, die zich misschien vreemd zou gedragen, maakte haar onrustig. Ze hoopte gewoon dat hij zich comfortabel voelde en dat alles goed zou komen.

Toen ze de kamer binnengingen, zag Danique haar man liggend op het ziekenhuisbed, zijn ogen half gesloten, maar met een speelse twinkeling die ze niet vaak meer zag. De verpleger liep naar hem toe en vroeg: "Brian, wil je nog iets eten? Het is ondertussen al laat in de avond en jullie zijn hier al enkele uren."

Brian opende zijn ogen volledig en keek de verpleger met een gekke grijns aan. "Nou," zei hij langzaam, "een tosti kun je zeker niet maken voor me?" Er was een ondeugende glinstering in zijn ogen die Danique verwarde.

Danique wilde er iets van zeggen, een gemengde reactie van zorgen en ergernis in haar stem dat hij zo achterlijk reageerde, maar de verpleger lachte en antwoordde joviaal: "Zeker kunnen we dat! Een tosti komt eraan, meneer!"

Eenmaal alleen in de kamer met Brian, keek Danique haar man strak aan. Hij leek zo anders onder invloed van de verdoving. Voordat ze iets kon zeggen, begon Brian propjes papier te maken en ze naar de deur te gooien. Hij riep, "Rotzak!" bij elke worp, met een stem die zowel speels als geïrriteerd klonk. Daniques hart was een mengeling van opluchting en verwarring. De man die ze kende als haar rots in de branding, gedroeg zich nu als een speelse jongen en ze moest er stiekem ook wel om lachen.

In de surrealistische atmosfeer van de recovery room, omgeven door de steriele geur en het zachte gezoem van medische apparatuur, voelde Danique een diepe melancholie.

Ze wist dat dit slechts een fase was, een tijdelijke toestand veroorzaakt door de medicijnen, maar het bracht een onverwachte kwetsbaarheid in haar naar boven.

Terwijl Brian papierpropjes bleef gooien en speelse opmerkingen maakte, besefte Danique dat de gebeurtenissen van die dag hen beiden op de proef hadden gesteld, niet alleen fysiek maar ook emotioneel.

De tosti arriveerde uiteindelijk en Brian at hem met een tevreden glimlach op, de vreemdheid van zijn gedrag langzaam afnemend.

In dat moment van stilte en ongecompliceerde eenvoud, voelde Danique een golf van liefde en bescherming voor haar man. Ze wist dat wat er ook zou komen, ze dit samen zouden doorstaan.

Brian staarde naar de witte plafondtegels boven hem terwijl hij probeerde te bevatten wat er met hem gebeurd was. Hij kon zich nauwelijks iets herinneren van het moment dat hij bewusteloos raakte, laat staan van de vreemde handelingen die Danique beschreef.

Propjes papier naar de deur gooien en het woord "rotzak" uitspreken, al die tijd had hij gevochten tegen de schaduwen van zijn eigen geest en het gevaar dat hij niet kon zien.

Toen de arts eindelijk de kamer binnenkwam, verstijfden zijn spieren. Wat als het slecht nieuws was? Wat als hij niet meer hetzelfde zou zijn? Maar de woorden van de arts brachten een golf van opluchting: Er is geen bloeding te zien in zijn hersenen. Het voelde alsof hij net een tweede kans op leven had gekregen.

Hoewel de noodzaak om Brian direct over te brengen naar het UMC niet aanwezig was, kreeg hij wel een afspraak mee voor de aankomende week.

Er moest een uitgebreid onderzoek plaatsvinden vanwege het aneurysma die opgelost moest worden.

De dreigende schaduw van de medische risico's bleef hangen, maar op dat moment was Brian vooral dankbaar dat hij naar huis mocht. In de vroege uren van de ochtend, toen de wereld nog in diepe slaap was, stapten Brian en Danique eindelijk de nacht in, op weg naar huis. De koele lucht leek hun zintuigen te verfrissen na de steriele, kunstmatige omgeving van het ziekenhuis. Het was een vreemde rust, gevuld met de onzichtbare draden van een nieuw begin en een sluimerende angst voor wat nog komen zou.

Thuis aangekomen, vonden ze Julian slapend op de bank. De zachte geluiden van hun entree wekte hem onmiddellijk. Zijn ogen wijd open toen hij zijn vader zag staan.

"Alles goed, pa?" vroeg hij terwijl hij naar hem toeliep voor een voorzichtige maar stevige knuffel. Julian voelde de kwetsbaarheid van zijn vader, een man die altijd zo sterk had geleken.

"Ja en nee, knul," antwoordde Brian zacht. Ze gingen zitten en Brian begon te vertellen wat er was gebeurd. Julian luisterde aandachtig, zijn blik vol zorg en liefde. Hij voelde een diepe verantwoordelijkheid om zijn vader te beschermen en te ondersteunen, dezelfde verantwoordelijkheid die zijn vader altijd voor hem had gevoeld.

Nadat ze uitgebreid hadden gesproken, was het tijd om te rusten. Julian kon de slaap echter niet vatten. Zijn geest was een maalstroom van gedachten en emoties. Hij besefte dat dit slechts het begin was van een nog zwaardere periode vol onzekerheden dan ze al achter zich hadden. Hij moest sterk blijven, voor zichzelf en voor zijn vader.

##55##

De dag nadat Brian thuis kwam uit het ziekenhuis, verliep rustig en relatief goed. Na de emotionele rollercoaster van de afgelopen dagen, leek een vleugje rust bijna onwerkelijk. Brian had zijn familie op de hoogte gebracht van wat er was gebeurd en had zich verdiept in de informatie over zijn aankomende afspraak bij het UMC.

Deze afspraak zou meer duidelijkheid moeten geven over zijn aneurysma, iets wat aanvankelijk werd toegeschreven aan de spanning en stress van de afgelopen jaren. Maar de realiteit bleek veel complexer en angstaanjagender.

Op de tweede ochtend na zijn ziekenhuisbezoek, leek alles vredig. Brian zat beneden op de bank, nog steeds herstellend en enigszins zwak. Danique, was even de deur uit om een boodschap te doen en zou snel terug zijn.

De kinderen waren rustig boven, zich onbewust van de dreigende schaduwen die hun familie wederom zouden verzwelgen.

Uit het niets werd de stilte wreed doorbroken. Een enorme pijnscheut trof Brian als een bliksemslag. Zijn hoofd voelde alsof het uit elkaar zou barsten. Hij greep naar zijn hoofd en kermde van de pijn, maar de intensiteit daarvan nam snel toe tot een onhoudbaar niveau. De kinderen, geschrokken van Brians ongekende kreten, stormden naar beneden. Precies op het moment dat Danique de deur opende.

Ze werd begroet door een scène die haar bloed deed stollen. Brian, met bloeddoorlopen ogen en een gezicht verwrongen van pijn, schreeuwde luidkeels.

Zijn ogen ontmoetten die van Danique vol angst en met zijn laatste beetje kracht bracht hij uit: "Niet goed." Danique aarzelde geen moment. Ze belde onmiddellijk met de huisartsenpost en schetste de ernst van de situatie. De melding van Brians aneurysma zorgde ervoor dat er direct een ambulance met gillende sirenes naar hun huis werd gestuurd.

Het wachten op de ambulance duurde maar kort. Danique probeerde kalm te blijven, maar in haar hoofd speelde zich een storm van angst en paniek af. Ondertussen belde ze haar ex, de vader van Aimee en Amber, en vertelde snel wat er aan de hand was en of hij de meiden en Julian kon opvangen. Gelukkig stapte hij direct in de auto en kwam er aan.

De ambulance arriveerde eindelijk en de paramedici haastten zich naar binnen om Brian te helpen. Ze plaatsten hem op een brancard en verzekerden Danique dat hij snel naar het ziekenhuis zou worden gebracht voor verdere behandeling.

Danique stond buiten met de kinderen te kijken hoe Brian de ambulance in gereden werd toen haar ex arriveerde.

Aimee en Amber renden huilend op hem af en Julian stond alleen en verloren te kijken hoe de ambulance met loeiende sirenes dwars over het grasveld heen reed, om geen tijd te verspillen, en zijn vader afvoerde.

Danique pakte Julian vast in haar armen en huilend zei Julian "Ik raak hem kwijt. Danique, ik raak hem kwijt dit haalt hij niet."

Toen Danique Julian enig sinds rustig had gekregen en afspraken met haar ex had gemaakt die de meiden en Julian mee naar huis zou nemen, pakte ze haar sleutels en haastte zich naar de auto om richting het ziekenhuis te rijden.

Wat zou ze aantreffen? Wat als hij er al niet meer was en ze hem kwijt was? Haar grote liefde, haar maatje Brian die altijd zo sterk was.

De angst maakte zich meester van haar en op de automatische piloot met ogen vol tranen begaf ze zich onderweg naar het ziekenhuis, niet wetende wat ze zou aantreffen.

Wat er zich in de ambulance afspeelde, zou voor altijd een mysterie blijven voor Danique en de kinderen. Brian, inmiddels verdoofd door de pijnstillers en de adrenalinestoot, kon niet veel meer dan hopen op een snelle redding. Zijn gedachten flitsten terug naar de afgelopen jaren, de spanningen, de stress, de manipulaties en de leugens die zijn leven hadden bepaald. Hij dacht aan Julian, hoe hij samen met zijn zoon had gevochten tegen de vrouw die hen probeerden te breken.

In het ziekenhuis werd Brian met spoed naar de afdeling neurologie gebracht. De artsen werkten koortsachtig om de oorzaak van zijn plotselinge en hevige hoofdpijn te achterhalen. Was het dit keer wel een bloeding? Was het aneurysma gesprongen? De onzekerheid was ondraaglijk.

De pijn; die verschrikkelijke pijn, een 12 op schaal van 1 tot 10, kwam weer opzetten en vanaf dat moment wist Brian niets meer en werd alles stil.

De dag die zo rustig begon, eindigde in een nachtmerrie. De gebeurtenissen bevestigden de broosheid van het leven en de voortdurende gevaren .

Terwijl Brian in het ziekenhuis vocht voor zijn leven wisten Danique en Julian dat hun wereld opnieuw op zijn kop stond. De stiltes tussen de stormen werden korter, maar de donder leek altijd nabij.

##56##

Danique voelde haar hartslag versnellen toen ze de kamer van Brian binnenstapte. Het was donker, veel donkerder dan ze had verwacht. Het zachte zoemen van de ziekenhuisapparatuur en het gedempte geluid van voetstappen op de gang waren de enige geluiden die de stilte in de kamer doorbraken.

De duisternis was de enige constante, een broze bescherming tegen de storm van pijn die door Brians hoofd woedde.

Ze wist dat het licht zijn hoofdpijn verergerde, maar de duisternis gaf de plek een spookachtige sfeer. Danique stond aan zijn zijde, haar handen trilden lichtjes terwijl ze probeerde haar angst te bedwingen.

Dit was niet de man die ze kende, niet de sterke, stabiele vader van Julian, niet haar maatje, haar alles.

Een verpleegster stond naast haar, haar gezicht werd slechts gedeeltelijk verlicht door het licht van de gang.

"We hebben net een scan van zijn hersenen gemaakt," deelde de verpleegster zachtjes mee. "We wachten nog op de uitslag. Zijn hoofdpijn lijkt wat gezakt, maar hij moet absoluut blijven liggen en mag niet rechtop gaan zitten."

Danique knikte en keek naar Brian. Met zijn ogen gesloten leek hij in een lichte slaap te verkeren, onbewust van hun aanwezigheid.

Ze benaderde hem voorzichtig en fluisterde: "Brian, hoe gaat het?"

Langzaam opende Brian zijn ogen. Ze waren nog steeds rood doorlopen, een pijnlijk contrast met zijn bleek gezicht.

"De hoofdpijn is iets minder," fluisterde hij terug. "Maar het doet nog steeds veel pijn."

Op dat moment kwam er een andere verpleegster binnen. Zonder de situatie volledig in te schatten, gooide ze het licht aan. Het felle licht verlichtte de kamer in een ogenblik en Brian schoot omhoog, zijn hoofd vastgrijpend en gillend van de pijn.

Danique voelde een golf van paniek. Ze zag iets veranderen in Brians ogen; een schaduw van verwarring vermengde zich met de pijn.

In dat korte ogenblik leek het alsof Brian verdween, als een kaarsvlam die in de wind flikkert.

"Nee, zet het licht uit!" riep Danique, maar het was al te laat. De verpleegster haastte zich om de lichten weer te dimmen, maar de schade was aangericht.

Brians lichaam zakte terug op het bed, zijn gezicht verwrongen van de pijn en zijn ogen leeg.

De kamer was gevuld met een verstikkende stilte. Het soort stilte dat je oren doet suizen en de tijd doet vertragen. Voor Danique was dit een moment van afgrijselijke paniek en diepe wanhoop.

Brian, keek haar aan, maar zijn ogen vertoonden geen enkel teken van herkenning of begrip.

Voor haar ogen leek de man die ze jarenlang liefhad, opgegeten door een onherkenbare vreemdeling.

Hij staarde wezenloos voor zich uit, zijn ogen leken door haar heen te kijken in plaats van naar haar.

"Brian," fluisterde ze zachtjes, hopend op een reactie. Maar hij bewoog niet, zelfs niet een millimeter. Brians naam in haar mond viel als een steen in een bodemloze put.

De verpleegster die het licht weer uit had gedaan, kwam dichterbij. "Meneer? 'Brian'", zei de verpleegster "Sorry dat ik het licht aan deed, maar ik kom je paracetamol brengen."

Brian keek haar aan, maar gaf geen teken van begrip. De verpleegster legde de paracetamol in zijn hand en overhandigde hem een bekertje water. Hij keek ernaar alsof het vreemde objecten waren, die hij nog nooit eerder had gezien.

"Neemt u dit maar even in," zei ze, voordat ze de kamer verliet.

Daniques hart brak opnieuw toen ze zag hoe Brian het bekertje naast zich leeggooide en hem liet vallen, de pillen nog liggend in zijn andere hand zwiepte hij over zijn schouder. Hij leek nog amper te weten wat hij moest doen. Snel graaide ze de pijnstilling van de grond en vulde het bekertje weer met water.

Ze probeerde haar stem zo kalm mogelijk te houden toen ze zei: "Brian, doe je mond eens open."

Als op commando opende hij zijn mond.

Ze legde de paracetamol op zijn tong en gaf hem een slokje water. Maar in plaats van door te slikken, liet hij alles uit zijn mond stromen.

Daniques hart begon bijna te barsten van het verdriet wat ze voelde. Een lichte paniek maakte zich van haar meester. "Brian," vroeg ze wanhopig, "weet je wie ik ben?"

Zijn blik gleed eindelijk naar haar ogen, maar het was een blik vol afkeer. "Wat doe je hier?" vroeg hij koud, alsof hij naar een volslagen vreemde keek en draaide zich van haar af.

Ze slikte moeizaam, tranen brandden achter haar ogen. Dit was niet de man met wie ze haar leven had gedeeld. Dit was een vreemdeling, gevangen in het omhulsel van de man die hij tot vanmorgen nog was.

De deur van de ziekenhuiskamer opende zich en de arts, een kalme en professionele verschijning, stapte naar binnen. Nog voordat hij iets kon zeggen, brak Danique uit in een stortvloed van woorden.

Ze vertelde over het aangezette licht, Brians onmiddellijke reactie van pijn en hoe zijn blik veranderde in iets vreemds en onbekends. Ze vertelde hem dat Brian haar niet meer herkende, dat haar man niet meer normaal op haar reageerde.

De arts knikte begrijpend terwijl hij luisterde. "Het is goed dat je dit meteen meldt, Danique," zei hij kalm. "Brians aneurysma is gelukkig niet geklapt, maar we moeten verder onderzoek doen naar de oorzaak van zijn heftige hoofdpijn".

"We zullen hem naar de intake brengen, zodat hij naar een zaal kan worden overgebracht. Daar kunnen we hem verder onderzoeken."

Brian werd in een bed naar de intake gereden en verwelkomd door een strakke, pinnige dame die duidelijk geen tijd te verliezen had. Ze gebood Danique om aan een bureau te gaan zitten.

Ondertussen kreeg Brian, van de verpleegster die hun naar de intake had gebracht, nog een beker water en een pilletje in zijn handen gestopt met het verzoek dit in te nemen en vervolgde haar weg. Brian en Danique achterlatend voor de intake.

"Ik ga u een paar vragen stellen," zei de dame. "Wilt u zo vriendelijk zijn om ze eerlijk en duidelijk te beantwoorden?"

Danique knikte en beantwoordde de vragen zo goed als ze kon. Maar toen, met een kille blik, draaide de dame zich naar Brian. "Ik wil graag dat meneer zelf de vragen beantwoordt. Meneer, wanneer bent u geboren?"

Brian, die nog altijd met het bekertje water in zijn handen zat en de pil grondig aan het bestuderen was of hij het voor het eerst zag keek haar aan. "Een keer," mompelde hij langzaam zijn ogen leeg en zonder enige emotie.

De dame sloeg haar armen over elkaar en zuchtte, zichtbaar geïrriteerd. "Er is geen tijd voor flauwekul," zei ze scherp. "Wees serieus, meneer."

Danique voelde een rilling over haar rug gaan. Dit was Brian niet, de pijn in zijn hoofd, de veranderde blik, het leek alsof iets fundamenteel veranderd was in hem.

Ze voelde een diepe, knagende angst opkomen. Wat als hij nooit meer de oude zou worden? Maar in plaats van zich over te geven aan de wanhoop, rechtte ze haar rug.

Danique nam een diepe teug adem, haar hart bonzend in haar borstkas. De kille, onvriendelijke blik van de vrouw die tegenover haar zat, versterkte haar vastberadenheid.

Ze wist dat ze moest spreken voor Brian, die zichzelf niet kon verdedigen.

Ze richtte zich tot de pinnige dame en zei, "Ziet u niet dat mijn man er niet helemaal bij is en niet op een normale manier reageert? Hij weet al geen raad met het bekertje water en de pil die hij heeft gehad! Hoe kunt u dan verwachten dat hij u normaal antwoord geeft?"

De dame keek strak terug, haar ogen koud en ongevoelig. "Daar is mij niets over bekend," antwoordde ze formeel, bijna mechanisch.

Danique voelde een golf van frustratie en wanhoop door haar heen trekken, maar ze wist dat ze kalm moest blijven. "Ik zal het u laten zien dat Brian echt niet weet wat er is en wie ik ben." Ze draaide zich naar Brian, die stil in zijn ziekhuisbed zat dit keer het bekertje aan het bestuderen met een lege blik in zijn ogen. "Brian, wie ben ik?" vroeg ze zachtjes.

Brian keek haar aan, zijn ogen nog steeds doordrenkt van afkeer die haar hart weer deed stokken. Met een stem die niet zijn eigen was, fluisterde hij slechts één woord: "Poep." Vervolgens voegde hij daar met een snauw aan toe, "En jij moet weg hier!"

Geschokt door deze reactie, deinsde de dame terug. Haar gezicht vertrok in afgrijzen en ze leek eindelijk de ernst van de situatie te beseffen. Zonder nog iets te zeggen, voltooide ze de intake met Danique en liet Brian naar zaal brengen.

##57##

Terwijl Brian werd weggebracht, voelde Danique een zware last op haar schouders drukken. Ze moest snel handelen. Ze pakte haar telefoon en belde Julian, voor een update.

Daarna belde ze snel familieleden om hen op de hoogte te stellen.

Uiteindelijk sprak ze met Brians moeder af dat zij haar zou komen aflossen en gelijk wat spullen voor Brian zou meebrengen die hij nu nodig had, zodat Danique de kinderen bij haar ex kon ophalen en thuis, Julian, Aimee en Amber kon bijpraten.

Danique loopt de zaal binnen,de ruimte is gevuld met het zachte gezoem van machines en het af en toe gefluister van mensen die elkaar proberen te troosten.

Het is hier waar de werkelijkheid van pijn en wanhoop zich mengt met de hoop op herstel en verlossing. Brian ligt in het eerste bed, zichtbaar onrustig, terwijl een jonge man in de hoek bij het raam zachtjes met zijn vader praat.

Brian zit tevergeefs met zijn telefoon te worstelen, zijn handen trillen van frustratie. Hij blijft het apparaat maar omdraaien en ermee slaan op zijn bed, alsof hij de logica van het ding niet kan doorgronden. "Open, open!" mompelt hij geërgerd. Zijn ogen, wild en verward, zoeken naar een oplossing die zich niet aandient.

Plotseling schiet zijn hoofd omhoog en werpt hij een woedende blik richting de jonge man en zijn vader, in de hoek. Hun gesprek was nauwelijks hoorbaar, een zachte, troostende uitwisseling tussen een bezorgde vader en zijn zieke zoon.

Maar voor Brian lijkt het geluid als een donderslag. "Houd je mond! Niet zo hard schreeuwen!"

briest hij, zijn stem trillend van boosheid en pijn. "Pijn! Mijn hoofd, pijn!" schreeuwt hij en grijpt zijn hoofd vast om de bonkende pijn weg te drukken.

De jonge man en zijn vader reageren met schrik, hun ogen groot van angst en bezorgdheid. Hun zachte conversatie had geen enkele intentie om iemand te verstoren, laat staan de kwelling van een ander te verergeren.

Danique, die het tafereel met toenemende ongerustheid aanschouwt, stapt snel naar voren. "Sorry, mijn man is niet helemaal bij de wereld op het moment," zegt ze verontschuldigend, haar stem vol spijt en begrip.

Ze draait zich om en haast zich naar de gang om een verpleegster te zoeken in de hoop dat zij haar kan voorzien van oordopjes om Brian zo rustiger te krijgen. Haar ogen speuren snel de omgeving af. In haar ooghoek ziet ze een kussen door de lucht vliegen. Ze draait zich net op tijd om en ziet hoe Brian zijn kussen weggooit en schreeuwt, "Hard! Hard!"

Danique aarzelt niet. Ze ziet een zachter kussen op een leeg bed liggen, pakt het snel op en haast zich terug naar haar man. "Hier, probeer dit," zegt ze zachtjes en biedt hem het kussen aan.

Ze legt het kussen achter zijn hoofd en voelt hoe hij iets kalmeert, zijn ademhaling wordt langzamer en minder gespannen.

De zaal keert langzaam terug naar zijn eerdere staat van gespannen stilte. De jonge man en zijn vader hervatten hun gesprek, dit keer nog zachter, met af en toe een bezorgde blik richting Brian en Danique. Het is een klein moment van rust te midden van de chaos, een breekbaar evenwicht dat elk moment verstoord kan worden.

Toen Danique eindelijk een verpleegkundige had gevonden die haar kon voorzien van oordopjes, ademde ze diep in en uit terwijl ze terugliep naar de zaal waar Brian lag.

Deze oordopjes, dacht ze, zouden Brian wat rust kunnen geven te midden van de hectiek.

"Hier, schat," zei ze zachtjes terwijl ze de oordopjes in zijn hand legde. Haar ogen waren gevuld met een mengeling van vermoeidheid en hoop. "Misschien klinkt alles dan niet zo hard en kun je wat rusten."

Brian, staarde naar de oordopjes alsof het vreemde objecten waren die hij voor het eerst zag. Danique, in haar haast om even naar de wc te gaan, verzuimde te realiseren dat Brian waarschijnlijk niet wist wat hij ermee moest doen.

Terwijl ze naar de wc liep, voelde ze eventjes een moment van de enorme vermoeidheid.

Toen Danique terugkwam stond de verpleegster, die haar de oordopjes had gegeven, bij Brian. Er was iets komisch te zien in de manier waarop ze haar lach probeerde in te houden. "Brian," hoorde ze haar zeggen, "die zijn niet voor in je neus, maar voor in je oren."

Danique keek naar de scène en begon hardop te lachen. Brian zat daar, met twee oordopjes priemend uit zijn neus en keek hen aan alsof hij zich van geen kwaad bewust was. De absurditeit van het moment bracht een golf van opluchting en humor in de zo anders gespannen en onzekere situatie.

"Ach, schat," zei Danique lachend terwijl ze de oordopjes uit zijn neus haalde en in zijn oren probeerde te stoppen. Echter, met dezelfde snelheid haalde Brian ze er weer uit en gooide ze door de lucht.

"Moet ik niet!", zei Brian alsof hij een klein kind was.

##58##

Danique volgde de vriendelijke verpleegkundige die haar had gewenkt even mee naar de gang te lopen, beiden nog zachtjes grinnikend om het beeld van Brian met oordopjes in zijn neus. Het moment van lichte speelsheid was een welkome afleiding van de harde realiteit. "Wil je even wat drinken?" vroeg de verpleegkundige hartelijk aan Danique. "Dit moet voor jou geen makkelijke dag zijn."

Danique knikte, dankbaar voor de vriendelijkheid. De verpleegkundige ging verder: "Je man heeft ze echt even niet op een rijtje staan in zijn bovenkamer, gezien zijn gedrag en de rare blik in zijn ogen. Het lijkt erop dat hij een delier heeft en ik zal dit ook tegen de arts vertellen."

Met een trillende hand nam Danique het glas water aan dat haar werd aangeboden. De woorden van de verpleegkundige dreunden na in haar hoofd. Een delier? Wat betekende dat voor Brian?

"Ze hebben hem morfine gegeven," vervolgde de verpleegkundige kalm. "Hopelijk wordt hij zo wat rustiger en kan hij slapen. De adrenaline in zijn lijf moet echt zakken, zodat ook de hoofdpijn minder wordt."

Danique knikte opnieuw. De informatie behelsde een mengeling van hoop en zorg die haar gemoed onrustig maakte. Toch voelde ze een vreemde kalmte over zich heen komen, als een stilte na een storm.

Danique liep terug naar Brians kamer, haar hart kloppend in haar keel.

Toen ze binnenkwam, keek Brian haar aan met een vreemde mengeling van verwarring en verbaasdheid.

"Hey, jij hier?" zei hij, zijn stem nog steeds niet herkenbaar en of ze net pas voor het eerst de kamer binnen kwam.

Verbaasd en hoopvol stapte Danique dichterbij. "Weet je wie ik ben dan?" vroeg ze met een stem die trilde van emotie.

Brian knikte langzaam. "Ja," zei hij, "mijn vrouw."

Voor een moment voelde Danique een golf van opluchting door zich heen spoelen.

Misschien was er dan toch hoop.

Maar haar hoop werd snel getemperd door een behoefte aan zekerheid. "Weet je dat omdat je het herinnert, of omdat ze je dat verteld hebben?" vroeg ze voorzichtig.

Brian keek haar aan, nadenkend over zijn antwoord. "Omdat ze dat verteld hebben," zei hij. "Ik weet helemaal niet wie jij bent, maar schijnbaar ben jij mijn vrouw" en trok zijn schouders op of hij er de definitie niet van wist wat dat betekende.

Het sprankje hoop dat Danique even voelde spoelde met dezelfde snelheid weer weg.

Brian lag bleek en uitgeput op zijn bed, vechtend tegen onzichtbare demonen die hem weg hielden van de broodnodige slaap. De oordopjes die Danique nogmaals probeerde om Brian in te laten doen troffen hun doel niet en weigerde hij pertinent. Hoe kon ze hem nu helpen?

Danique wist dat de kracht van muziek wonderen kon verrichten. Ze herinnerde zich hoe Brian vaak ontspande bij het luisteren naar zijn favoriete nummers.

Misschien zou rustgevende muziek op zijn telefoon, gespeeld door zijn eigen vertrouwde oordopjes, hem kunnen helpen de slaap te vinden. Zachtjes zette ze zijn favoriete muziek op en plaatste de oordopjes in zijn oren.

Brian zuchtte diep. "Rust," mompelde hij, zijn ogen gesloten. Voor het eerst die dag leek hij eindelijk wat ontspanning te vinden.

Hij leunde achterover in zijn ziekenhuisbed en binnen enkele minuten viel hij in een diepe slaap. Danique voelde een golf van opluchting door zich heen stromen.

Ze nam stilletjes afscheid en verliet het ziekenhuis om de kinderen op te halen.

Bij het huis van haar ex aangekomen, omhelsde ze Julian en de meiden. Ze praatte hen bij over de toestand van Julians vader. Hoewel ze nog steeds bezorgd waren, leek de kennis dat Brian eindelijk wat rust had gevonden, hen ook wat gemoedsrust te geven.

Danique nam Julian mee naar huis en de meiden blijven bij hun vader, zodat Danique haar handen vrij had voor de zorg om Brian. Thuis aangekomen begon ze met het voorbereiden van het avondeten, terwijl een gevoel van hoop langzaam in haar hart groeide.

##59##

Die avond, terwijl de zon onderging, belde Brians moeder. Ze was naar het ziekenhuis gegaan om wat spullen te brengen en even bij haar zoon te zijn.

"Het was fijn," vertelde ze Danique. "Brian lag nog te slapen toen ik aankwam. Gelukkig herkende hij me wel en leek hij zich een beetje beter te voelen."

Danique voelde haar ogen vochtig worden van opluchting. Voor het eerst sinds die angstaanjagende ochtend, voelde ze dat de situatie misschien toch de goede kant op zou kunnen gaan.

Het was half tien 's avonds en Danique zat op de bank met de tv aan, haar gedachten afdwalend naar de gebeurtenissen van de afgelopen dagen. Het was een emotionele achtbaan geweest sinds Brian in de hal in elkaar was gezakt.

Zijn delier had emotioneel een zware tol geëist van Danique. Toen ze het ziekenhuis verliet die middag, had Brian haar nog niet herkend. De pijn van dat moment sneed diep, alsof ze een deel van zichzelf had verloren.

Plotseling begon haar telefoon te rinkelen. Het welbekende deuntje van Brians ringtone doorbrak de stilte en bracht een sprongetje in haar hart. Zou het kunnen dat hij zich iets herinnerde? Snel pakte ze haar telefoon en opende de app.

"Ik heb trek in krentenbollen. Kun je die naar me toebrengen? ❤❤❤" las Danique het berichtje hardop.

De tranen sprongen in haar ogen. Dit was onverwacht; ze had niet verwacht vandaag iets van hem te horen. Maar wat nog belangrijker was, hij was er weer!

De man die ze kende en van wie ze hield, gaf een teken van herkenning.

Ze typte snel een antwoord terug: "Gaat het goed met je? Weet je zeker dat je dit naar mij bedoelt te sturen? Het bezoekuur is al lang voorbij, mag dat wel?"

De minuten die volgden leken een eeuwigheid te duren, totdat haar telefoon weer pingelde.

Brians antwoord verscheen op het scherm: "Nee ik heb geen idee wie je bent, maar ik heb trek in krentenbollen en je staat bovenaan in mijn lijst dus appte ik jou", met gekscherende smileys erachter.

"Natuurlijk weet ik dat jij mijn geweldige vrouw bent waar ik met hart en ziel van hou gekkie" ging de app verder. "Ik wil je zien en ik heb toestemming om even naar buiten te mogen van de verpleging. Dus, kom je snel met de krentenbollen?". ❤

Danique voelde een golf van emoties door zich heen spoelen.

Vreugde, opluchting en een tikkeltje ongeloof. Maar bovenal voelde ze een hernieuwd gevoel van hoop. Snel riep ze Julian en liet hem het appje van zijn vader lezen.

"Mag ik mee?" vroeg hij hoopvol. "Natuurlijk mag je mee; ook voor jou is het een spannende dag geweest en heb je je vader niet meer gezien",zei ze.

Danique haastte zich naar de keuken, pakte een zak krentenbollen die ze eerder die dag had gekocht, en trok haar jas aan. Haar hart klopte in haar keel, maar haar vastberadenheid was onmiskenbaar.

Bij het ziekenhuis aangekomen, liepen ze snel naar de ingang, Danique haar ademhaling versnellend van de opwinding.

Daar stond Brian, gehuld in zijn trainingsbroek en jas, maar met een lach van oor tot oor die haar hart verwarmde. Ze rende naar hem toe, de tranen stromend over haar wangen en zonder woorden deelden ze een knuffel en voelde ze de armen van haar man stevig om haar heen slaan, armen die alle onzekerheden en angsten voor een moment wegvaagde.

Brian keek haar aan met een glinstering van liefde en herkenning in zijn ogen.

"Dank je lieverd," zei hij zachtjes en plante een kus op haar voorhoofd terwijl hij de zak met krentenbollen van haar aannam, een krentenbol uit de zak haalde en een hap nam. "Je bent mijn alles, Danique." zei hij met zijn mond vol genietend van zijn krentenbol.

Julian stond op een korte afstand naar dit tafereel te kijken, zijn vader en Danique dit moment even samen te laten beleven.

Opgelucht zijn vader in levende lijven te zien staan, genietend van zijn krentenbol zei Julian met ingehouden emotie zachtjes "Pap."

Brian draaide zich naar hem toe en keek zijn zoon aan met een grote lach.

"Hey vriend" zei hij. "Kom hier" en opende zijn armen om Julian erin te laten verdwijnen.

Julian liep naar hem toe en omhelsde zijn vader.

Tegelijk kwamen alle emoties los bij Julian en huilend vertelde hij Brian hoe bang hij was geweest toen hij zijn vader weggevoerd zag worden met het gevoel hem nooit meer levend terug te zien.

Hoe hij zich zorgen had gemaakt of het goed met hem zou komen toen Danique hem belde dat Brian niks meer herinnerde.

Maar ook hoe blij hij nu was zijn vader te kunnen vasthouden en te vertellen hoeveel hij van hem hield.

Brian hield Julian stevig vast en zei optimistisch "zo snel kom je niet van je vader af hoor; ik ben een taaie."

Julian lachte door zijn tranen heen "Gelukkig maar, ik heb je net weer gevonden en ik kan nog geen afscheid van je nemen."

Onderwijl dat Brian zich tegoed deed aan de meegenomen krentenbollen vertelde Danique over de afgelopen dag. Het moment dat Brian wegviel en haar daarna niet meer herkende.

De rare dingen die Brian had gezegd tot aan de oordopjes in zijn neus aan toe.

Brian keek haar aan met een blik vol ongeloof, maar moest eigenlijk ook best wel lachen om die rariteiten waarvan hij zich echt niets van kon herinneren.

Ze bleven nog even staan praten met elkaar en Brian vertelde dat ze nog wat onderzoeken gedaan hadden die avond waar morgen de uitslag van bekend zou worden.

Hij vroeg Danique of ze daarbij kon zijn, mocht hij weer vervallen in dingen niet weten en dat zij in ieder geval wel wist wat er gezegd zou worden.

Met die belofte namen ze afscheid van Brian die zichtbaar moe was.

"Ga maar lekker slapen en dan zie je ons morgen weer", zei Danique met een opgelucht, maar vermoeide stem.

Met nog een kus en een knuffel als afscheid liepen Danique en Julian naar de auto en keerde Brian terug naar binnen.

##60##

De stilte van de vroege ochtend hing zwaar in de lucht toen Danique zich klaarmaakte voor wat misschien wel een van de meest bepalende dagen in hun leven zou worden.

Haar hart bonsde in haar borstkas, anticiperend op de uitslag van de onderzoeken die hun toekomst zouden kunnen herschrijven.

Ze had nauwelijks geslapen, haar gedachten een wirwar van zorgen en hoop.

Brian, haar rots in de branding, leek gisteren ver weg en onscherp.

Wat zou er vannacht nog gebeurd zijn of was hij nog zoals ze hem gisteravond achter liet? De spanning en onzekerheid van niet weten maakte zich even meester van haar.

Vandaag zou moeten uitwijzen wat er precies met hem aan de hand was. Ze hoopte vurig op goed nieuws, maar bereidde zich tegelijkertijd voor op het ergste.

In het ziekenhuis zag alles er op het eerste gezicht normaal uit. Toen Danique echter de zaal binnenstapte waar Brian lag, was het alsof de tijd even stilstond. Tot haar opluchting zat Brian rechtop in bed, een glimlach op zijn gezicht alsof er niets aan de hand was. Zijn ogen straalden en zijn stem klonk helder toen hij haar begroette.

"Goedemorgen, lieverd," zei hij opgewekt. "Hoe gaat het met jou?"

Danique kon haar opluchting niet verbergen terwijl ze hem een kus ter begroeting gaf.

"Brian... hoe voel je je?" Vroeg ze hem.

Hij lachte en haalde zijn schouders op. "Ik voel me weer helemaal de oude; alsof er niets aan de hand was geweest."

Samen liepen ze naar de kamer van de arts. De muren van het ziekenhuis leken nauwer en de lichten feller toen ze de gang doorliepen. De arts begroette hen met een serieus gezicht en nodigde hen uit om te gaan zitten.

"Brian, Danique," begon de arts kalm maar ernstig, "de resultaten van de onderzoeken zijn binnen en er zijn enkele belangrijke bevindingen waar we het over moeten hebben."

Danique voelde haar handen trillen toen ze Brians hand vastpakte. Haar ogen ontmoetten de zijne, zoekend naar kracht.

"Brian," vervolgde de arts, "je hebt twee herseninfarcten gehad, waarschijnlijk twee dagen geleden en gisteren. Dit verklaart de symptomen die je had. Daarnaast hebben we een aneurysma gevonden zoals we je al verteld hadden, die nader onderzocht moet worden volgende week in het UMC."

Het voelde alsof de grond onder Daniques voeten wegzakte; niet alleen had hij dus een aneurysma, maar hij had in 2 dagen tijd ook nog 2 herseninfarcten gehad, een godswonder dat hij hier nog zat.

Ze kneep in Brians hand, die verrassend kalm bleef.

"En dan is er nog iets anders," zei de arts. "Op de scan hebben we iets in je kaak gezien. We willen dit nader onderzoeken en we gaan daarom meteen vandaag een biopt afnemen. De resultaten hiervan zullen volgende week in het UMC beschikbaar zijn tijdens je afspraak voor het vervolg van je aneurysma."

Nadat de Biopt was afgenomen werd Brian ontslagen uit het ziekenhuis met het dringende advies absolute rust te houden. Thuis probeerde hij zich aan deze aanbeveling te houden, maar zijn gedachten waren elders. De rechtszitting rondom Julian was aanstaande en er moesten nog talloze papieren worden ingevuld en voorbereid. Brian voelde de zware last van verantwoordelijkheid op zijn schouders drukken.

"Ik weet niet hoe ik dit ga redden," zei Brian gefrustreerd tegen Danique. "Ik moet die papieren voor de advocaat in orde maken, maar ik mag niets doen en het lukt ook niet; ik raak de draad volledig kwijt."

Danique zuchtte en dacht na. "Misschien kunnen we hulp inschakelen," stelde ze voor. "Fabian is altijd bereid om te helpen. En ik zal doen wat ik kan."

Fabian was niet alleen Brians broer, maar ook zijn beste vriend en vertrouweling. Hij kwam onmiddellijk toen Brian contact met hem opnam en bood zijn hulp aan zonder enige aarzeling.

Met de steun van zijn broer en Danique aan zijn zijde, begon Brian weer voorzichtig te geloven dat ze deze strijd toch nog konden winnen.

De komende weken zouden bepalend zijn voor het leven van Brian. Terwijl ze wachtten op de uitslagen van de biopt, hielden ze zich vast aan elkaar en aan de hoop op betere tijden. Brian wist dat, ondanks de tegenslagen en de onzekerheden, hun vastberadenheid en doorzettingsvermogen hun enige redding zouden zijn.

##61##

Het ochtendlicht, die de kamer vulde toen Danique hem wekte voor de afspraak met de arts in het UMC, symboliseerde een nieuwe dag vol spanningen, maar ook vol hoop.

De lucht rondom het Universitair Medisch Centrum had een kille tint. Brian en Danique stapten uit de auto, hun stappen weerklonken op de betegelde paden die naar de ingang van het ziekenhuis leidden.

Ze voelden de afstand in hun benen, niet zozeer door de fysieke meters, maar door de emotionele last die ze met zich meedroegen. Deze dag zou één van de vele kruispunten in hun leven worden, een kruispunt waarbij slechts weinigen ooit stoppen om te bedenken wat er achter die stille muren gebeurt.

Bij de receptie gaf Danique hun namen door. Brian stond naast haar, stil en gefocust, zich voorbereidend op wat komen ging. Ze werden naar de wachtruimte geleid, waar de seconden voelden als uren. De stilte werd alleen doorbroken door het tikken van een klok aan de muur.

"Brian en Danique?" Een verpleegster verscheen in de deuropening. "De dokter is klaar voor jullie."

Brian knikte, zijn hand voelde koud en klam in die van Danique. Ze liepen de smalle gang door, langs rijen deuren die naar onbekende loten leidden.

Eenmaal binnen, groette de dokter hen met een bezorgd gezicht. Ze voelden de ernst in de kamer hangen, dik en onvermijdelijk.

"Brian, ik heb de uitslag van je biopt," begon de arts gelijk. "Er is helaas slecht nieuws. De biopt toont aan dat je kanker in je speekselklier hebt. Gelukkig is er geen uitzaaiing, maar we moeten zo snel mogelijk opereren."

Brian voelde zijn wereld even stil staan, de woorden van de dokter hingen als zware wolken boven hem. Hij had al zoveel te verwerken gehad de afgelopen weken: twee herseninfarcten, een hersenaneurysma, en nu dit. Alsof de wereld hem voortdurend testte op zijn uithoudingsvermogen.

Wat nog erger was, was de wetenschap dat de rechtszaak om Julian naar huis te krijgen over zes weken plaatsvond. In de rechtbank mocht niets over zijn toestand bekend worden, anders zou Natas het gebruiken om hem nog verder te ondermijnen.

Hij moest dit met de advocaat bespreken hoe dit aan te pakken om te zorgen dat hij sterk kwam te staan in deze zaak. Natas had hem al genoeg ondermijnd en er voor gezorgd dat Brian zwak en wankel stond in deze zaak. Als ze hier lucht van kreeg was het gedaan met hem en kreeg hij Julian nooit meer thuis.

"Wanneer kunnen we de operatie plannen?" vroeg Danique terwijl ze Brians hand nog steviger vastpakte.

"Ik stel voor dat we dit zo snel mogelijk doen, zodat we daarna kunnen overgaan tot de kijkoperatie voor het aneurysma," antwoordde de arts. "Laat ons direct een datum prikken."

De wervelwind van gebeurtenissen was overweldigend. Brian probeerde rustig adem te halen, zijn gedachten op een rijtje te krijgen. Hoe moest hij dit allemaal tegelijkertijd verwerken? Het was alsof hij een storm moest trotseren zonder een moment van rust.

Ze verlieten het kantoor met een geplande operatiedatum en een hoofd vol zorgen. Buiten het ziekenhuis voelde de lucht nog kouder aan. Brian en Danique liepen samen naar de auto, beiden verdiept in hun eigen gedachten. De wereld om hen heen ging gewoon door, onwetend van de strijd die ze voerden.

Terwijl ze in de auto stapten en wegreden, voelde Brian een vreemde mengeling van angst en vastberadenheid. Hij wist dat de komende weken zwaar zouden worden. Maar hij had geen keuze.

Voor Julian, voor zijn gezin, moest hij doorgaan. Hoeveel leed hem ook werd aangedaan, hij voelde dat opgeven geen optie was en door moest vechten. Er was altijd een uitweg, hoe smal en moeilijk die ook leek.

De tocht door hun persoonlijke hel was nog niet voorbij; hij leek weer opnieuw te beginnen, maar ze hadden elkaar. En met de steun van Fabian en de advocaat zouden ze ook deze periode weer overwinnen.

De horizon van Brians leven zag er op zijn zachtst gezegd onstuimig uit. Met de ene operatie na de andere in het verschiet en een rechtszitting die hem onrustig hield, leek het alsof de tijd zowel een vijand als een vriend was. Elke dag telde en elke seconde bracht een wirwar van emoties en moeilijkheden met zich mee.

##62##

Met nog slechts twee weken te gaan tot aan de operatie om de speekselklierkanker te verwijderen, hees Brian zich elke ochtend uit bed met een gevoel van onbehagen dat hem als een schaduw volgde.

De zorgen over de tweede operatie, een kijkoperatie aan zijn hersenaneurysma, begonnen zich ook langzaam aan te sluimeren.

De dagen voelden korter aan, terwijl de nachten langer werden. Brian was zich bewust van de risico's en de complicaties die elke operatie met zich mee kon brengen, maar wat hem het meeste zorgen baarde was de rechtszitting voor Julians zaak, twee weken na de tweede operatie.

Het nog niet hebben van de uitslag van Julians diagnostisch onderzoek woog zwaar op Brians gemoed. Elke dag zonder nieuws voelde als een eeuwigheid. Met nog slechts zes weken te gaan tot de rechtszitting, werd de druk om duidelijkheid te krijgen steeds groter. De stilte van de arts was oorverdovend en dreigde Brians anders zo standvastige gemoed te verscheuren.

Brian besloot uiteindelijk contact op te nemen met de advocaat om zijn zorgen te bespreken. Hij deelde zijn angst en onzekerheid over aankomende operaties en de lange wachttijd op de resultaten, hij benadrukte hoe belangrijk het was om voorbereid te zijn op de rechtszitting. De advocaat luisterde geduldig en stelde Brian gerust dat alles onder controle was.

De advocaat had hem verzekerd dat zijn uiterlijke verschijning geen obstakel zou vormen.

Brian zou op tijd in een staat zijn waarin niemand iets zou vermoeden van zijn recente medische beproevingen.

Ook Fabian, die altijd aan Brians zijde stond, verzekerde hem dat de situatie nauwlettend in de gaten werd gehouden.

Het was moeilijk voor Brian om te geloven dat alles volgens plan zou verlopen, maar hij had geen andere keus dan te vertrouwen op de professionaliteit en de toewijding van zijn advocaat en Fabian.

In de chaos van deze periode vond Brian toch momenten van rust. Ondanks de zorgen die hem voortdurend achtervolgden, slaagde hij erin momenten van ontspanning te vinden. Tijdens een wandeling door het park of het luisteren naar zijn favoriete muziek, vond hij de rust om even te ontsnappen aan de realiteit.

Het was deze tijdelijke rust die hem de kracht gaf om door te gaan, om standvastig te blijven, in een periode waar van alles op hem afkwam. Hij wist dat hij zijn hoofd boven water moest houden.

De komende weken zouden voor Brian een beproeving van zijn uithoudingsvermogen en mentale kracht worden. Maar ondanks de opeenvolgende operaties en de aanstaande rechtszitting, vond hij manieren om zijn ziel te kalmeren en hoop te behouden.

Het was vroeg in de ochtend toen Brian en Danique het ziekenhuis binnenliepen. Ondanks de kalmte die hij probeerde uit te stralen, was Brians gezicht een spiegel van zijn innerlijke onrust. De arts had hen gewaarschuwd voor de kans op herhaling van een delier door de narcose.

Danique had die woorden keer op keer in haar hoofd herhaald, proberen voor te bereiden op het ergste.

De voorbereidingen voor de operatie verliepen snel en voorspoedig. De verpleegkundigen stelden geruststellende vragen, de anesthesist gaf zijn deskundige uitleg en Brian werd naar de operatiekamer gerold. Danique bleef achter, haar hart zwaar van bezorgdheid. Ze kon alleen maar bidden dat alles goed zou komen.

De uren die volgden leken eindeloos. Danique zat in de wachtkamer, haar gedachten bij Brian en het team artsen die de operatie uitvoerde.

Toen uiteindelijk de chirurg verscheen met een geruststellende glimlach en goed nieuws, voelde ze een golf van opluchting door haar heen spoelen.

Met een snel kloppend hart volgde Danique de verpleegster naar de uitslaapkamer. De scène die haar verwelkomde, was totaal anders dan wat ze had verwacht. Daar zat Brian, met een drain in zijn nek, maar met een tevreden glimlach op zijn gezicht. Hij was bezig een boterham te eten. Zijn ogen lichtten op toen hij Danique zag binnenkomen.

"Het is goed gegaan," zei hij met een grote lach. "Zowel de operatie als mijn geheugen. Geen delier dit keer."

Danique kon haar tranen niet meer inhouden. Ze omhelsde Brian, voelde de spanning van de afgelopen weken van haar schouders glijden. Het was alsof een last van tonnen gewicht ineens van hen af viel. Ze wisten dat dit slechts een tijdelijke overwinning was en dat er nog een tweede operatie aan zat te komen die nog meer risico met zich meebracht, maar op dit moment telde alleen de opluchting en vreugde.

##63##

De zon scheen fel toen Brian, Danique en Julian hun auto uitstapten bij het ziekenhuis. Ondanks de zenuwen die door zijn lichaam gierden, voelde Brian een gevoel van opluchting. De operatie was goed verlopen en hij was nu op weg naar herstel.

Samen met zijn geliefden aan zijn zijde kon hij elke uitdaging aan.

"Het wordt vast een makkie," zei Brian, terwijl hij naar zijn vrouw glimlachte.

Danique kneep bemoedigend in zijn hand. "Ja, we zijn er bijna."

Julian, liep stilletjes naast hen. Hij probeerde dapper te lijken, maar het was duidelijk dat hij zich zorgen maakte.

Bij aankomst in de behandelkamer begroette de arts hen met een geruststellende glimlach. "Brian, het verwijderen van de drain is een eenvoudige procedure. Het zal maar een paar minuten duren."

Brian knikte en ging op de onderzoeksbank liggen. Terwijl de arts de voorbereidingen trof, hield Danique zijn hand stevig vast.

Julian stond voorzichtig aan de kant van de kamer, zijn ogen wijd open van nieuwsgierigheid en bezorgdheid. De arts begon de drain voorzichtig te verwijderen. Op dat moment werd de routineprocedure echter allesbehalve routine.

Julians gezicht werd asgrauw toen de lange drain langzaam uit Brians nek kwam. Voor iemand die nog nooit zoiets had gezien, was het een schokkend beeld.

"Julian, gaat het wel?" vroeg Danique bezorgd.

Maar het was al te laat. Julians knieën begaven het en hij viel naast het bed.

De arts reageerde snel en samen met Brian legden ze Julian voorzichtig op het bed.

Brian, ondanks alles, bleef kalm en probeerde zijn zoon gerust te stellen.

174

"Julian, hoor je me, doe je ogen eens open en haal eens diep adem," beval de arts op vriendelijke toon.

Julians ogen flikkerden open en hij mompelde beschaamd: "Sorry, dit was niet helemaal de bedoeling..."

Brian en Danique konden het niet helpen maar lachten. De arts, inmiddels weer helemaal in de plooi, glimlachte ook. "Ben je mal, dit gebeurt vaker dan je denkt. Ook al draait het om de patiënt, is het niet zeldzaam dat de toeschouwer het vaak moeilijker heeft," zei de arts vriendelijk.

Julian glimlachte zwakjes en voelde zich iets beter door de geruststellende woorden van de arts. Hij stond langzaam op, ondersteund door Danique en de arts, terwijl Brian nog enkele laatste instructies kreeg.

"Zorg ervoor dat je voldoende rust neemt en de wond goed verzorgt," zei de arts. "En als er iets mis lijkt te gaan, kom dan meteen terug."

Brian knikte dankbaar en een paar minuten later waren ze op weg naar huis.

64

Terwijl zijn vader zich in het ziekenhuis van de ene operatie naar de andere worstelde, bracht Julian zijn dagen door in de instelling; vol verlangen uit het raam starend, hopend op het weekend. Het weekend betekende een tijdelijke ontsnapping naar huis, naar zijn vader en Danique en naar de liefdevolle omhelzing van familie, die hielpen om de kloof tussen Groningen en thuis te overbruggen, nu Brian niet in staat was Julian zelf te halen en te brengen.

De ouders van Brian en ook de ouders van Danique speelden een cruciale rol in deze periode.

Ze reden om beurten, elke donderdag naar Groningen om Julian op te halen en brachten hem op zondag weer terug. Brian had de instelling laten weten dat het de komende weken erg druk was op zijn werk en hij niet eerder weg kon om Julian op te halen. Zodoende dat de opa's en oma's die rol op zich hadden genomen, maar de werkelijkheid zat anders in elkaar.

Op de instelling zweeg Julian. Niet omdat hij niets te zeggen had, maar omdat hij niet wilde dat iemand wist wat er werkelijk thuis gebeurde. Hij kon het zich niet veroorloven dat de waarheid over zijn vaders gezondheidstoestand zou uitlekken. Elke dag leefde hij met een knoop in zijn maag, een constante herinnering aan het delicate evenwicht dat hij moest bewaren.

Natas had al eerder aangetoond dat ze niet zou schromen om iedere situatie tegen Brian te gebruiken en dat maakte het leven van Julian in de instelling nog ondraaglijker.

Zijn leven was een labyrint van leugens en halve waarheden en de enige manier om eruit te komen was vastberadenheid en veerkracht. In plaats daarvan hield hij zich bezig met routines die hem compleet onverschillig leken te laten voor de buitenwereld: opstaan, ontbijt, dagbesteding, lunch, dagbesteding, diner, en dan het eindeloze wachten op de slaap.

Maar slaap was een zeldzame gast in de nachten van Julian. Hij lag vaak wakker, gespannen over de zitting van de Rechtbank en de zorgen over zijn vader. In stilte vroeg hij zich af hoe zijn vader de dag had doorstaan. Zou de volgende operatie succesvol zijn? Had hij vorderingen gemaakt? Was hij op tijd weer sterk genoeg voor de zitting van de Rechtbank? Deze vragen raasden door zijn hoofd terwijl hij zich probeerde te ontspannen op zijn eenvoudige bed in de instelling.

Elke donderdagmiddag werd Julian opgehaald door één van zijn opa's en oma's.

Deze ritten naar huis waren als een adempauze na een lange duik onder water.

De spanning in zijn lichaam nam af zodra hij de instelling verliet en zijn hart sprong op van vreugde bij de gedachte aan het samenzijn met zijn vader en Danique, hoe kort ook.

Het weekend was een tijd om zich weer op te laden, om de banden aan te halen die door de week zo uitgerekt werden door afstand en zorgen.

Thuis voelde Julian zich vrijer. Hij kon lachen, praten en werkelijk zichzelf zijn zonder de angst dat elk woord tegen hem gebruikt zou worden.

Brian en Danique deden hun best om een sfeer van vrolijkheid en hoop te creëren, ondanks de pijn en de onzekerheid die Brian doormaakte. Samen vonden ze lichtpuntjes in kleine dingen: een gezelschapsspel, een lekker zelfgemaakt diner, of gewoon een filmavond op de bank.

##65##

Tijdens het volgende weekend dat Julian weer thuis was ging de telefoon. Julians hart sloeg over toen zijn vader met trillende hand het telefoontje van Dr. Tjallaard beantwoordde.

"Hallo? Ja, daar spreekt u mee."

"Ik begrijp het... Ja, we zullen er zijn. Dank u wel, dokter."

Zodra hij ophing draaide hij zich naar Julian toe met een blik die moeilijk te lezen was.

"We moeten morgen naar het kantoor komen voor de resultaten van je onderzoek," zei hij plechtig maar opgelucht dat de uitslag er eindelijk was.

De spanning in de wachtkamer was bijna tastbaar toen Julian, Brian en Danique wachtten op de resultaten van het onafhankelijke diagnostische onderzoek.

De klok tikte langzaam, elke seconde leek een eeuwigheid te duren.
"Hoe lang kan het nog duren, pap?" fluisterde Julian nerveus.
"Nog even, jongen. Het komt goed," verzekerde zijn vader hem, hoewel hij zelf nauwelijks zijn eigen zenuwen in bedwang kon houden. Eindelijk zwaaide de deur open en stapte Dr. Tjallaard naar buiten met een map in zijn handen en nodigde hun uit zijn kantoor binnen te komen.

Het kantoor van Dr. Tjallaard had altijd een mystieke sfeer, een ruimte waar waarheid en hoop elkaar ontmoetten. Het was een plek waar je zowel je diepste angsten als je grootste hoop blootlegde. Julian, Brian en Danique zaten op de rand van hun stoelen, een mengeling van hoop en angst omringde hen.

Dr. Tjallaard opende de map langzaam, bijna ceremonieel.

De stilte in de kamer was tastbaar, alsof elke ademhaling het breekbare moment zou kunnen verstoren.

Julian voelde zijn hart bonzen in zijn borst terwijl hij zijn blik niet van de arts kon afwenden.

"We hebben alle tests grondig bestudeerd en ik wil beginnen met te zeggen dat er GEEN enkel bewijs is gevonden voor welke van de ooit eerder gestelde diagnoses dan ook," begon Dr. Tjallaard met een kalme, maar resolute stem.

Hij keek op van de papieren en zijn blik was vastberaden.

"De uitslagen van de testen die vorig jaar bij je afgenomen zijn, zijn identiek aan de uitslagen van nu. Het betekent dus dat je gezond bent, Julian".

"Er is geen sprake van verstandelijke beperkingen, van gedragsstoornissen of ADHD, ADD, PDD-NOS en aanverwante stoornissen uit het Autisme spectrum, die eerder gesuggereerd werden."

Julian voelde een tsunami van emoties door zich heen spoelen. Opluchting, vermengd met een sprankje ongeloof. Kon dit echt waar zijn? Was hij nu echt vrij van de zware last die hem al jaren achtervolgde?

Het was Danique die als eerste sprak. Haar stem trilde van emotie.

"Dus, al die jaren... al die diagnoses... waren echt allemaal onjuist?"

"Ja," bevestigde Dr. Tjallaard ferm. "Het enige wat je wel overgehouden hebt aan de zware mishandelingen van je moeder, Julian, en je tijd in de instelling is PTSS."

Julian sloot zijn ogen voor een moment, zijn handen trilden lichtjes op zijn knieën.

De herinneringen aan de mishandelingen door zijn moeder en de eenzaamheid in de instelling flitsten door zijn gedachten. Hij voelde een mengeling van opluchting en woede borrelen.

Opluchting, omdat hij 'nog een keer' bevestiging kreeg dat hij echt niet gek was en woede, omdat zijn moeder al die jaren erin geslaagd was iedereen te misleiden.

"Maar hoe heeft dit kunnen gebeuren?" vroeg Julian, zijn stem rauw van emotie. "Hoe kon mijn moeder iedereen zo misleiden?"

Brian legde een hand op zijn schouder, een geruststellende aanwezigheid te midden van de chaos van emoties. "Mensen zoals je moeder kunnen heel overtuigend zijn," zei hij zachtjes. "Ze weten precies hoe ze de waarheid moeten verdraaien om hun eigen doelen te bereiken."

Dr. Tjallaard knikte instemmend. "Manipulatie en leugens zijn krachtige wapens. Het is helaas niet ongebruikelijk dat mensen met kwaadaardige bedoelingen erin slagen om het systeem te misleiden. Maar nu, dankzij jullie vastberadenheid en doorzettingsvermogen, is de waarheid echt aan het licht gekomen."

"En niet geheel onbelangrijk is dit onderzoek 'rechtsgeldig' vandaar dat de uitslag ook langer op zich liet wachten, zodat we zeker waren van onze diagnose en kun je de waarheid, die eigenlijk al een jaar bekend was, nu hard maken in de rechtszaak om je naar huis te krijgen Julian." vervolgde Dr. Tjallaard.

Julian voelde een traan over zijn wang rollen, maar deze keer was het een traan van opluchting.

"Dank u wel," fluisterde hij, zijn stem bijna onhoorbaar.

"Dit is fantastisch nieuws!" riep Brian met een stem die trilde van emotie. Hij trok Julian in een stevige omhelzing, hun harten kloppend in hetzelfde ritme van opluchting en overwinning.

Dr. Tjallaard en Danique stonden erbij, hun ogen glinsterend van trots en ontroering.

De lange, uitputtende strijd die ze samen hadden gevoerd leek eindelijk zijn vruchten af te gaan werpen.

Dr. Tjallaard, een man die altijd in feiten en bewijzen had geloofd, kon zijn tevredenheid nauwelijks verbergen. "Julian," begon hij kalm, "je bent bijna een vrij man. De waarheid heeft eindelijk de leugens overwonnen. Dit is jouw overwinning."

Julian voelde een golf van dankbaarheid door zich heen stromen. Het was niet alleen zijn overwinning; het was de overwinning van iedereen die in hem had geloofd, vooral zijn vader en Danique. Hij pakte hun armen vast, zijn handen trillend van emotie.

Met tranen nog steeds in zijn ogen, sprak hij de woorden die hij al zo lang wilde zeggen, "Dank jullie wel. Dank jullie wel dat jullie in me geloofd hebben en nooit hebben opgegeven, ondanks alle moeilijkheden."

Brian keek zijn zoon aan, zijn ogen gevuld met liefde en trots.

"We hebben altijd in je geloofd, Julian. En nu mag de wereld dat ook weten."

##66##

Het was duidelijk - Julian was nooit verstandelijk gehandicapt geweest.

Zijn eerdere diagnose was een product van valse beweringen en manipulaties.

Dr. Tjallaard ondertekende het nieuwe rapport en bevestigde wat Brian al zolang vermoedde.

Julian was een gezonde, verstandige jongeman, wiens leven bijna verwoest was door de zieke geest van zijn moeder.

De officiële papieren, veilig onder Brians arm, waren meer dan een stapel documenten.

Ze waren het symbool van gerechtigheid, van een waarheid die eindelijk aan het licht mocht komen.

Met deze papieren zouden ze de rechtbank tegemoet treden, klaar om de laatste slag te leveren tegen het onrecht dat Julian was aangedaan. Natas had jarenlang het systeem weten te manipuleren.

Haar leugens hadden Julian in een instelling met een VG7 label op zijn hoofd geplaatst, een plek waar hij geen enkele kans had gehad om te ontsnappen aan de valse diagnoses, maar dat zou nu snel verleden tijd zijn.

Terwijl ze het kantoor verlieten, voelde Julian een mengeling van opluchting en vastberadenheid.

Hij wist dat de strijd nog niet helemaal voorbij was, maar met de waarheid aan hun zijde, voelde hij zich sterker dan ooit.

De wereld zou eindelijk zien wat voor een verschrikkelijke onrechtvaardigheid hem was aangedaan en hij zou eindelijk de vrijheid krijgen om zijn eigen leven te leiden.

Toen Brian de voordeur open deed, voelde hij de vertrouwde zwaarte van zijn huiselijke omgeving op zijn schouders neerkomen.

Maar vandaag was anders. Hij had een belangrijke missie. Zonder een moment te verliezen, haastte hij zich naar zijn bureau, startte zijn computer en opende het e-mailprogramma.

Julian, was eindelijk gediagnosticeerd volgens gerechtelijke richtlijnen. Het was een zware weg geweest, vol obstakels en tegenslagen, maar de resultaten van het diagnostisch onderzoek waren positief.

Julian was gezond, zo gezond als iemand in zijn situatie kon zijn.

En dat betekende meer dan woorden konden uitdrukken.

Het was het bewijs dat Brian nodig had om de manipulatieve leugens te ontkrachten die Natas jarenlang had verspreid.

Met trillende vingers scande Brian de documenten nog een laatste keer, voordat hij ze bijvoegde aan de e-mail.

Hij schreef een kort, krachtig bericht aan de advocaat.

"Hier zijn de resultaten. Het officiële bewijs dat Julian in orde is".

Hij klikte op 'Verzenden' en leunde achterover in zijn stoel, een diepe zucht van opluchting ontsnappend aan zijn lippen.

Zijn gedachten dwaalden af naar de komende week. De kijkoperatie aan zijn hersenaneurysma stond op de planning.

Normaal gesproken zou hij zich zenuwachtig en gespannen voelen, maar vandaag niet.

De blijdschap over de uitslag van Julian gaf hem een ongekende zelfverzekerdheid.

Hij keek vol vertrouwen naar de operatie. Het voelde als een symbolische strijd die hij nu aandurfde, gesterkt door de overwinning die ze zojuist behaald hadden.

Enkele uren later ontving Brian een reactie van de advocaat. "Fantastisch nieuws," stond er te lezen. "Met deze documenten hebben we eindelijk alles wat we nodig hebben om de leugens van Natas te weerleggen.

We kunnen nu de RvdK, het CCE en de rechter wijzen op de enorme fouten die gemaakt zijn en waarbij we tevens het bewijs hebben, dit keer zwart op wit, dat je bij de JBT de waarheid al sprak en de bewijzen al had neergelegd over Natas en haar mishandelingen jegens Julian, waar toen niemand naar wilde luisteren of kijken".

"Nu kunnen we eindelijk werken aan het zuiveren van jouw naam en de valse beschuldigingen die Natas niet alleen in de vorige zitting, maar al die jaren al geuit heeft over jou.

Dit is een grote stap vooruit in onze strijd om Julian thuis te krijgen." schreef de advocaat vervolgens.

Brians ogen vulden zich met tranen van opluchting en vreugde.

Het was een gevecht van drie lange jaren geweest, een constante strijd tegen de schaduwen van manipulatie, niet gehoord worden en bedrog.

Julian was bijna 18 en zou vanwege de volwassen leeftijd die hij behaalde weer overgeplaatst worden naar een andere instelling, maar elke maand dat hij eerder uit die instelling kon komen, was een overwinning.

Brian voelde een hernieuwde energie door zijn lichaam stromen, aangedreven door de hoop en de wetenschap dat het einde van deze nachtmerrie in zicht was.

Hij sloot zijn ogen en dacht aan Julian.

Aan de momenten van samenzijn die ze zo hadden gemist, de gesprekken die ze niet hadden kunnen voeren, de lach die hij zo lang niet had gehoord, doordat Natas Julian jarenlang bij hem weggehouden had.

Brian wist dat er nog even een weg te gaan was, maar vandaag was een mijlpaal, een teken dat ze vooruitgang boekten.

Het leven had hen beproefd; hen keer op keer op de knieën gekregen.

Maar vandaag voelde hij dat sterker dan ooit. De strijd was nog niet voorbij, maar ze hadden een belangrijke slag gewonnen.

Met een vastberaden blik in zijn ogen sloot Brian zijn e-mailprogramma en stond op van zijn bureau.

Er was werk aan de winkel, maar nu, meer dan ooit, geloofde hij in een betere toekomst en een andere uitkomst.

##67##

De dag van de kijkoperatie stond voor de deur.

De echo's van de recente gebeurtenissen galmden nog na in Brians gedachten.

Ondanks de zelfverzekerdheid die hij vorige week nog voelde, stapte hij toch met een bepaalde gelatenheid en spanning het ziekenhuis weer binnen.

Twee weken geleden had hij een operatie aan zijn speekselklier gehad, minder risicovol dan de procedure van vandaag. Dit keer was het anders. Dit keer kon er iets echt misgaan.

De kans dat het aneurysma zou klappen tijdens de operatie of dat ze verkeerd zouden prikken in zijn hersenen, hing als een donderwolk boven zijn hoofd.

Ergens voelde hij angst, maar ook vertrouwen dat het goed zou gaan.

Toen Brian op de operatietafel lag, voelde hij een golf van onzekerheid over zich heen spoelen.

De felle spots in de operatiekamer, de kalmerende woorden van de artsen en het geluid van de medische apparatuur voegden zich samen tot een kakofonie van spanning.

Zijn hart bonsde als een oorlogstrommel in zijn borstkas. De gedachten aan zijn zoon, bonusdochters en zijn vrouw flitsten door zijn hoofd; hij moest hier doorheen komen, voor hen.

De uren leken dagen terwijl hij in een roes van anesthesie gleed. Toen hij eindelijk zijn ogen opendeed, waren de lichten gedimd en stond een vertrouwd gezicht naast zijn bed.

Het was zijn arts met een gemengde uitdrukking op zijn gezicht.

"Brian," begon de arts, "de operatie is geslaagd. We hebben het aneurysma kunnen lokaliseren en het blijkt gelukkig nog relatief klein te zijn. Dat is het positieve nieuws."

Brian haalde opgelucht adem, maar voelde een knoop in zijn maag ontstaan.

Ergens wist hij dat er meer kwam.

"Het negatieve nieuws," vervolgde de arts, "is dat het aneurysma op dit moment niet operabel is omdat het nog te klein is. We kunnen het niet verhelpen zonder een groot risico te lopen aangezien we er lastig bij kunnen".

"Je zult onder controle moeten blijven, zodat we het kunnen blijven volgen."

Brian voelde zich heen en weer geslingerd tussen opluchting en zorg. Hij was blij dat het aneurysma klein was, maar het idee van een 'tijdbom' in zijn hoofd die elk moment kon afgaan, was iets wat hij moeilijk kon verdragen.

De impact van zijn aandoening en de herseninfarcten begon zich in zijn dagelijkse bestaan te manifesteren.

Zijn werk, de bron van trots en voldoening die hij na de kijkoperatie weer had opgepakt, werd een steeds grotere uitdaging. Brian had zich altijd geïdentificeerd met zijn werk. Het bood hem niet alleen financiële zekerheid, maar ook een gevoel van eigenwaarde.

Na de kijkoperatie was hij klaar om weer vol passie aan de slag te gaan. Maar het duurde niet lang voordat de schaduwen van zijn gezondheid zich opnieuw aandienden.

Het begon subtiel; een vergeten taak hier, een kleine fout daar. Brian was altijd een perfectionist geweest, dus deze slippertjes leken aanvankelijk niets meer dan menselijke vergissingen.

Maar na de dagen die vorderen werden de problemen erger.

Hij had dagen waarop hij niet eens meer wist waar hij mee bezig was. Zijn energie leek wel door een onzichtbare kracht weggezogen te worden. Het was alsof zijn hersenen in een mistige sluier gehuld waren, waardoor het onmogelijk werd om helder te denken en te functioneren zoals hij gewend was.

De vermoeidheid was allesoverheersend, waardoor zelfs de meest eenvoudige taken onoverkomelijke obstakels leken.

Zijn zelfvertrouwen kreeg een flinke deuk. De man die ooit met gemak complexe projecten begeleide, voelde zich nu onzeker en fragiel.

Elke fout, elke vergeten taak was een pijnlijke herinnering aan wat hij had verloren.

En dan waren er nog de constante medische controles die in de loop der jaren zouden volgen, een koude reminder dat zijn gezondheid nooit meer vanzelfsprekend zou zijn.

Het gesprek met zijn werkgever en de bedrijfsarts was onvermijdelijk. Met lood in zijn schoenen ging Brian het gesprek in.

De realiteit was onontkoombaar: gezamenlijk werd besloten dat werken er niet meer in zat.

Hij moest zich ziek melden en het WIA-traject in gaan.

De herseninfarcten hadden hun tol geëist; de schade was blijvend.

Toch was er nog een zorg die zwaar op zijn schouders drukte en waar hij zich nu meer zorgen om maakte dan dat hij al deed, omdat hij niet meer in staat was zijn werk uit te voeren : de rechtszitting voor Julian.

Met nog maar enkele dagen te gaan, besloot Brian de advocaat in te lichten over zijn situatie.

Zijn stem trilde toen hij zijn zorgen deelde; wat als dit naar buiten kwam? Wat als zijn geheugenproblemen tegen hem gebruikt zouden worden?

"Geen zorgen, ik dek je volledig, we hebben een sterk dossier en ik denk dat de vragen vooral aan Natas gericht zullen zijn dan aan jou". had de advocaat verzekerd.

Er was een plotselinge opluchting, een sprankje hoop dat misschien, ondanks alles, hij nog steeds een verschil kon maken.

##68##

De afgelopen weken hadden Julian door elkaar geschud als een herfstblad in een storm.

Zijn wereld stond op zijn kop. Het begon allemaal met het afvoeren van zijn vader naar het ziekenhuis. Wat volgde waren de verwoestende uitslagen: kanker, twee herseninfarcten en een aneurysma dat momenteel niet verholpen kon worden.

De angst of hij zijn vader ooit nog levend zou terugzien nadat hij weggevoerd werd, werd vergezeld door een andere, even verontrustende vraag: zou hij ooit nog thuis kunnen komen uit de instelling, nu zijn vaders gezondheid hem in de steek liet?

Julian voelde zich verloren toen hij het nieuws hoorde.

Zijn vader was altijd een rots in de branding voor hem geweest sinds ze weer contact hadden met elkaar, een onmisbare steunpilaar.

Nu leek die rots af te slijten onder de slagen van een wrede natuur.

Julian kon zich moeilijk voorstellen hoe een toekomst zonder zijn vader eruit zou zien.

De vragen die door zijn hoofd spookten bleven hem maar bezighouden.

Danique bleek een bron van steun.

Ze was altijd al vriendelijk geweest, maar in deze zware tijden werd haar rol in Julians leven fundamenteler.

Haar empathie en zorgzaamheid boden hem een veiligheid die hij nooit eerder had ervaren.

Het was alsof haar aanwezigheid een warm dekentje was dat hem beschermde tegen de kou van de werkelijkheid.

"Ik ben er ook nog," zei ze onwankelbaar, toen hij zijn zorgen met haar deelde. "Ik zorg met alle liefde voor Aimee, Amber en je vader en daar kan jij ook gewoon bij. Dat is nu toch ook al zo de dagen dat je bij ons bent, dus waarom zou dat niet meer kunnen als je wel volledig naar huis kan?"

Die woorden gaven Julian hoop. Hij merkte dat zijn verlangen om naar huis te gaan en daar een nieuw leven te beginnen, met de dag groeide.

De warme veiligheid die Danique bood gaf hem de moed om te dromen.

Met de steun van Danique begon Julian te beseffen dat, hoeveel leed een mens ook aangedaan wordt, er altijd een uitweg is naar betere tijden.

Zijn vaders gevecht tegen zijn gezondheidsproblemen werd een symbool voor Julians eigen strijd om stabiliteit en een thuis te vinden en door te zetten.

Terwijl zijn vader vocht tegen kanker, de gevolgen van de herseninfarcten en het hersenaneurysma, vocht Julian tegen zijn eigen demonen van onzekerheid en angst maar bedacht zich ook; als zijn vader kon doorvechten, ook hij kon doorvechten en niet zou opgeven.

##69##

De avond voor de rechtszitting was beladen met spanning en anticipatie.

Fabian, Brian en Julian kwamen samen in de warme woonkamer van Brian en Danique, slechts verlicht door de zachte gloed van de lamp boven de eettafel.

De geur van vers gezette koffie vulde de ruimte terwijl ze stevig overlegden over de komende dag.

Dit was het moment waarop hun inspanningen, hun doorzettingsvermogen en hun onwrikbare wil om de waarheid boven tafel te krijgen, zich zouden moeten bewijzen.

De afgelopen maanden waren niets minder dan een emotionele achtbaan geweest voor Brian en zijn zoon Julian. Brian, zag zijn leven en dat van zijn zoon steeds verder in een neerwaartse spiraal getrokken worden door de leugens en manipulaties van Natas.

De constante, ongegronde beschuldigingen van Julians moeder hadden een zware tol geëist.

Brians hersenproblemen maakten de situatie nog gecompliceerder, maar te midden van deze chaos was er altijd een lichtpuntje: de onvoorwaardelijke steun van zijn broer Fabian.

Fabian had samen met zijn vrouw Liza dagen, nachten en ontelbare uren gespendeerd aan het bijstaan van Brian. Samen met advocaat van Buuren had hij ieder detail doorgespit en elk stukje bewijs verzameld.

Van Buuren, een meester in zijn vak, had een dossier samengesteld dat vol stond met feiten die de beschuldigingen van Natas met de grond gelijk zouden maken. Maar dat was nog niet alles.

De Raad van de Kinderbescherming had meerdere keren gefaald in hun aanpak.

Dit werd pijnlijk duidelijk toen van Buuren ook hun fouten onverbiddelijk blootlegde.

Het was schrijnend dat de RvdK, ondanks herhaaldelijke waarschuwingen en bewijs van mishandeling, erop had gestaan dat Julian contact bleef houden met zijn moeder.

Fabian keek op naar Brian, die met Julian naast zich zat. Zijn ogen spraken boekdelen; hoop, angst, en vastberadenheid wisselden elkaar af.

Brian, ondanks zijn mentale en fysieke worstelingen, hield zich sterk voor zijn zoon.

Julian, had ook zijn rol weten te vervullen zoals van hem gevraagd werd in deze zaak.

Zijn diagnostisch onderzoek zou de zaak een beslissende wending geven.

Julians onderzoek was cruciaal.

Het diagnostische onderzoek dat hij had ondergaan, had schokkende resultaten opgeleverd.

Het rapport toonde niet alleen aan dat Julian niets mankeerde, maar ook hoe diep de wonden zaten die Natas had nagelaten, zowel fysiek als emotioneel.

Dit zou de bom leggen onder de zaak en de advocaat zou ervoor pleiten om Julian onmiddellijk thuis te plaatsen bij zijn vader.

Een verbod voor Natas om zonder toestemming contact op te nemen met Julian zou eindelijk de veiligheid moeten bieden die de jongen zo hard nodig had.

De avond verstrijkt langzaam, maar gevuld met betekenisvolle gesprekken.

Er werd gelachen, gehuild en vooral veel besproken. Fabian, met zijn onvermoeibare energie, had een manier om de moraal hoog te houden.

Het was overduidelijk dat de band tussen deze drie mannen onverwoestbaar was.

De keuze om samen te komen was niet alleen strategisch, maar ook een herinnering aan de kracht van saamhorigheid en doorzettingsvermogen.

De nacht viel over de stad en met de eerste ochtendzon zou de rechtszaal het decor worden van een strijd voor rechtvaardigheid.

Fabian, Brian en Julian hadden alles in het werk gesteld om de waarheid naar boven te halen.

De zaak was complex, maar hun doel was helder: Julians veiligheid en welzijn stonden op het spel.

Wat deze avond zo bijzonder maakte, was niet alleen de voorbereiding op de zitting.

Het was de belichaming van hun vastberadenheid, hun onverzettelijke geloof in de waarheid en hun oprechte liefde voor elkaar.

##70##

De ochtendzon brak door de gordijnen; helaas brachten die zonnestralen geen troost.

Vandaag zou de wereld van recht en rechtvaardigheid hun weg kruisen en de uitkomst kon hun leven voor altijd veranderen.

Brian voelde de spanning in de lucht terwijl hij en Julian zich klaarmaakten om naar de rechtbank te gaan. Julian was stil, maar zijn ogen spraken van een diepe vastberadenheid.

Brian voelde een tikkeltje trots maar ook angst; zijn zoon had zoveel meegemaakt voor zijn jonge jaren. Vandaag zouden ze hun verhaal delen, hun waarheid verdedigen.

Hun advocaat had hen verzekerd dat de feiten en bewijzen aan hun kant stonden, maar niets leek zeker totdat de rechter zijn oordeel velde.

Bij de rechtbank aangekomen, stond van Buuren hen al op te wachten. "Goedemorgen, Brian, Julian," begroette hij hen. "Laten we naar binnen gaan. We hebben veel te bespreken."

De beveiligingscontrole verliep zonder problemen, maar elke stap in het gebouw voelde zwaarder. Ze namen plaats aan een tafeltje van de hoofdlobby.

De advocaat legde de laatste details van hun repliek uit en benadrukte de sterke punten van hun zaak.

Terwijl hij sprak, voelden Brian en Julian een moment van hoop; een lichtpuntje in de duisternis die hen had omhuld.

Plotseling zag Brian vanuit zijn ooghoek een bekend, angstaanjagend gezicht. Zijn hart sloeg een slag over toen hij zijn ex-vrouw zag binnenkomen.

Ze nam plaats vlak achter hen, haar ogen strak gericht op haar voormalige echtgenoot en hun zoon. Haar gezicht vertoonde een uitdrukking van minachting, maar haar ogen hadden een glinstering die verraadde dat ze genoot van het spel.

"Is ze dat?" vroeg van Buuren, zijn stem laag maar gespannen.

Brian en Julian knikten allebei, van Buuren stond onmiddellijk op en zei met een vastberaden stem, "Kom, we gaan ergens anders zitten. Ze hoeft niet te horen wat wij bespreken."

Natas' blik veranderde in pure woede, een grijns van zelfverzekerdheid verscheen op haar gezicht, alsof ze al gewonnen had.

Maar Brian wist dat de waarheid aan hun kant stond. De harde bewijzen die hun advocaat had verzameld zouden haar manipulaties en leugens onthullen.

Ze verplaatsten zich naar een andere tafel, ver weg van de vijandige ogen van Natas. Van Buuren bleef kalm en professioneel, zelfs toen hij besprak hoe ze de sterke stukken van hun zaak zouden presenteren.

Brian voelde de vastberadenheid van zijn advocaat overgaan op hemzelf. Hij zou vechten voor zijn zoon, ongeacht de uitkomst van vandaag.

De tijd tikte verder en hun moment in de rechtszaal naderde. Ze liepen naar binnen met opgeheven hoofden, klaar om hun waarheid te spreken.

De spanning in de rechtszaal was bijna tastbaar. Brian en Julian zaten naast van Buuren pal voor de rechter, hun harten bonzend van angst en hoop.

De rechter, een allerhartelijkste uitziende man met een zachte glimlach, betrad de zaal en begroette de aanwezigen. Zijn ogen rustten even op Brian en Julian.

"Zo, daar zijn de vermiste heren van de vorige zitting," begon hij en knikte hen bemoedigend toe.

Brian en Julian slikten moeizaam door de zenuwen, maar voor ze de kans kregen om iets te zeggen, richtte de rechter zich tot de dame van de Raad van de Kinderbescherming en Natas.

De sfeer in de zaal veranderde onmiddellijk; het was alsof iedereen de adem inhield.

"Zoals ik in de stukken heb gelezen, bleek meneer wel degelijk toestemming te hebben om Julian mee op vakantie te nemen. En jullie wisten hier ook vanaf!" Zijn stem was kalm maar doordringend. "Vanwaar dat spelletje over ontvoering en jullie bewering dat jullie niets wisten van een vakantie bij de vorige zitting?" vroeg de rechter, terwijl hij zowel de dame van de RvdK, als Natas indringend aankeek.

Dit begon goed, dacht Brian, terwijl hij vol spanning het antwoord afwachtte van Natas en de RvdK. Ze stonden bekend om hun manipulatieve spelletjes en hadden Brian al te vaak in een kwaad daglicht gesteld.

Brian voelde de ogen van de rechter op hen branden, een stille getuige van zijn wanhopige strijd voor gerechtigheid.

Natas en de dame van de RvdK ploeterden in hun antwoorden. Beide klonken zwak en ontwijkend. De rechter fronste zijn wenkbrauwen en hield zijn blik strak op hen gericht.

"Ik ben niet gediend van dit soort spelletjes," zei hij streng. "Ik had liever gezien dat er uitstel was aangevraagd, zodat Brian en Julian zich hadden kunnen verdedigen. Het is duidelijk dat ik voorgelogen ben."

De rechter richtte zich toen weer tot Brian en Julian. Zijn ogen waren zachter nu, empathisch. "Heren", sprak hij "de waarheid komt altijd aan het licht, hoe diep men ook probeert deze te begraven. Het is duidelijk dat er hier onrecht is geschied waarvoor mijn excuus."

Brian voelde de hoop door zich heen spoelen. Voor het eerst in lange tijd voelde hij weer een sprankje hoop. Julian kneep zachtjes in zijn hand, als teken van steun en dankbaarheid.

De rechter, richtte zich tot de dame van de Raad van de Kinderbescherming. Een dame, die al snel zou ervaren hoe het voelde om volledig onder de loep genomen te worden.

De rechter begon stevig en resoluut. Hij zou geen ruimte laten voor twijfel of manipulatie; deze zaak zou hij met zijn eigen bevindingen en oordelen tot een goed einde brengen.

"Ik heb het dossier dat de advocaat van de gedaagde heeft aangeleverd, goed bestudeerd. Heeft u dat ook?" vroeg hij met een onmiskenbare nadruk op elk woord.

De dame, duidelijk onaangenaam verrast, probeerde haar positie te verdedigen. "Uh, ja dat hebben mijn collega's zeker gedaan," stamelde ze.

De rechter trok zijn wenkbrauwen op en vervolgde met een toon die geen tegenspraak duldde. "Oké, dan snap ik niet dat de gedaagde en Julian nog hier voor mij zitten, want dan had u al lang geleden andere beslissingen en maatregelen moeten nemen. Jullie heten niet voor niks de 'Raad van de Kinderbescherming'. " "Ik hoor van jullie op aan te kunnen en niet van een stelletje amateurs dat zich door leugens om de tuin laat leiden".

De woorden van de rechter waren scherp en resoluut. De zaal was muisstil. De dame van de RvdK zat met een rood hoofd te stamelen, worstelend om haar visie op de zaak te belichten.

##71##

Elke vraag van de rechter sneed door de gebreken en de leugens als een scalpel.

Hij was goed voorbereid en liet geen enkel detail onbesproken. De bewezen mishandelingen, de ondermijning van Brians gezag, het constant meegaan in de manipulatieve verhalen van Natas; alles kwam aan de orde.

De uitslagen van het eerste diagnostisch onderzoek, die later versterkt werden door een tweede onafhankelijk onderzoek, bevestigden onweerlegbaar dat Julian geen van de gestelde diagnoses had. Het was duidelijk dat de fouten van de RvdK niet alleen nalatig waren, maar ook schadelijk.

Elke fout, elke misstap werd haar voor de voeten geworpen. Verbijsterd en zichtbaar beschaamd moest ze toegeven dat er geen gedegen onderzoek had plaatsgevonden.

Ze had, vanwege drukte in andere zaken, niet naar de waarheid gezocht, maar zich gebaseerd op voorgaande diagnoses en de aanname dat een moeder altijd voor haar kind vecht.

De rechter, onverbiddelijk en resoluut, kon geen goed woord vinden voor deze nalatigheid. Hij sprak met een stem die elke moederlijke illusie verbrijzelde, elke aanname vernietigde.

Brian voelde een golf van opluchting over zich heen spoelen. Eindelijk, na alle beproevingen, leugens en manipulaties, leek de waarheid eindelijk de overhand te krijgen. Hij keek naar Julian die naast hem zat, zijn gezicht vertoonde een mengeling van opluchting en emotionele vermoeidheid. Het was een lange strijd geweest, maar hier, in deze zaal, leken standvastigheid en vastberadenheid eindelijk zijn vruchten af te werpen.

De rechter begon met de eerste vraag voor Brian, een simpele maar directe vraag over de mishandelingen die Brian eerder had gemeld.

Zijn stem was kalm, maar zijn ogen lieten geen twijfel bestaan over de ernst van de situatie.

Brians handen trilden lichtjes terwijl hij zijn antwoorden gaf, maar zijn stem bleef vastberaden. Hij wist dat dit zijn moment van waarheid was.

Natas probeerde Brian steeds onderuit te halen als hij antwoord gaf.

"Mevrouw," begon de rechter met autoriteit in zijn stem, terwijl hij zich tot Natas wendde, "als u nogmaals de getuige onderbreekt voordat ik u het woord geef, zal ik u uit de zaal laten verwijderen!"

De herinneringen aan eerdere verhoren bij de JBT waar Natas hem constant in de rede viel en beschuldigde van leugens en incompetentie zaten nog vers in Brians geheugen.

Hier echter, had hij een sprankje hoop. De rechter had vanaf het begin duidelijk gemaakt dat er respect en orde zou heersen.

Zijn advocaat glimlachte hem bemoedigend toe. "Je kunt dit," fluisterde hij zachtjes en Brian voelde een golf van energie door zich heen stromen. Hij was niet langer het slachtoffer van een gemene psychologische oorlogvoering.

Zijn stem was aanvankelijk onzeker, maar naarmate hij meer kon spreken zonder onderbroken te worden, vond hij zijn kracht terug.

"Het is nooit mijn bedoeling geweest om iemand te kwetsen," zei Brian, zijn ogen recht op de rechter gericht. "Ik wil alleen dat de waarheid verteld wordt en dat er iets gedaan wordt voor Julian."

Natas kreeg een zure uitdrukking op haar gezicht, alsof alles wat Brian zei een persoonlijke aanval op haar was. Haar ogen schoten vuur in zijn richting, maar voor het moment hield ze zich stil.

Brian haalde diep adem, voelde de bemoedigende blik van zijn advocaat naast hem en begon toen de vragen van de rechter te beantwoorden.

De rechter knikte begrijpend en stelde zijn vragen geduldig, gaf Brian de ruimte om zijn kant van het verhaal te vertellen. Elke keer als Natas een snijdende opmerking wilde maken, werd ze door een strenge blik van de rechter tot stilte gemaand.

Elke vraag van de rechter bracht een nieuwe laag van de waarheid aan het licht. Bewijsstukken werden voorgelegd, getuigenverklaringen werden nogmaals herhaald. Het was een pijnlijk proces, maar tegelijkertijd ook bevrijdend. Voor het eerst leek het alsof er echt naar Brian werd geluisterd.

##72##

De rechter richtte zich vervolgens weer op de dame van de RvdK. Het was overduidelijk dat de RvdK had gefaald in hun 'plicht' om een degelijk onderzoek te doen. De rechter liet er geen gras over groeien en confronteerde de vertegenwoordiger van de RvdK met hun tekortkomingen.

Ze had geen andere keuze dan weer beschamend toe te geven dat er geen gedegen onderzoek had plaatsgevonden. Dat ze simpelweg waren afgegaan op eerdere, onjuiste diagnoses waarin stond dat Julian alle gestelde diagnoses had, ondanks de eerder gesteld diagnose van een jaar ervoor waar niets mee gedaan was.

Julian, was onderwerp geweest van niet één, maar twee diagnostische onderzoeken die uiteindelijk aantoonden dat hij geen van de gestelde diagnoses had. Dit feit alleen al was genoeg om de rechter te schokken. Hoe kon men zo blind varen op aannames zonder de ware feiten te onderzoeken?

De ontoereikendheid van het onderzoek werd pijnlijk duidelijk toen de rechter de rapporten voorlas. De vertegenwoordiger van de RvdK kon niets anders dan beschaamd naar haar handen staren. De rechter was onverbiddelijk in zijn oordeel en kon geen goed woord vinden voor de werkwijze van hun onderzoek.

"Jullie dienen volgens de wet aan 'waarheidsvinding' te doen en dat hebben jullie in deze zaak aan alle kanten verzaakt toe te passen" brieste de rechter. "Laat dit een leer voor altijd zijn en dit niet meer voorkomen", gaf hij de dame ferm mee. De dame in kwestie knikte geladen na dit stevige repliek die ze kreeg van de rechter.

Toen richtte de rechter zich tot Natas. Haar gezicht een masker van onschuld, maar haar ogen verraadden een andere realiteit. De façade die ze had opgebouwd begon te barsten onder de scherpe blikken van de aanwezigen en de directe vragen van de rechter. Haar verhalen, die ooit zo overtuigend leken, vielen in duigen.

Natas had geprobeerd om Brian en Julians leven te verwoesten met haar leugens en manipulaties. Dit, om wraak te nemen voor zaken uit het verleden. Ze had hun zoon Julian gebruikt als pion in haar kwaadaardige spel met verstrekkende gevolgen.

"Mevrouw, wat is uw mening in dit geheel?" vroeg de rechter, zijn stem resonerend met een mengeling van vermoeidheid en vastberadenheid.

Natas nam een diepe ademhaling en begon langzaam te spreken, haar woorden doordrenkt van een bedrieglijke bezorgdheid. "Uw Edelachtbare, mijn zoon heeft een grote verscheidenheid aan bewezen diagnoses en is verstandelijk beperkt met het vermogen van een zesjarige. Zijn gedrag is oncontroleerbaar en agressief, wat zich vaak geuit heeft in mishandelingen jegens mij".

"Hij heeft constante zorg en bescherming nodig, die ik hem niet kan bieden. Ik wil dat hij blijft waar hij nu is en liever nog dat hij volgens de VG7 leidraad gesloten gaat wonen voor zijn eigen veiligheid en niet bij zijn vader gaat wonen, aangezien hij die zorg niet aankan."

"Tevens vind ik ook dat hij weer terug aan de voorgeschreven dosering medicatie moet die door een incapabele arts nu afgebouwd is. Julian is mijn kind en ik weet dat hij het nodig heeft", pruilde ze.

Haar woorden klonken overtuigend en bezorgd, maar voor Julian en Brian was het een pijnlijke herinnering aan de manipulatie en leugens die Natas zo meesterlijk beheerste. De waarheid was echter veel complexer dan Natas' zorgvuldig opgebouwde façade.

In werkelijkheid was Julian een zachtaardige jongen, wiens uitbarstingen niet zonder aanleiding waren.

De 'mishandelingen' waarover Natas sprak, waren vaak een reactie op de emotionele en zelfs fysieke mishandeling die zij hem toebracht; het niet eens mishandelingen waren, maar een poging zichzelf te verdedigen tegen haar aanvallen.

Brian, die vaak zelf het slachtoffer was geweest van haar manipulatieve praktijken, wist dat zijn ex de zaken volledig verdraaide naar haar voordeel.

De rechter leek even na te denken, zijn blik niet van Natas afwendend. "Hoe verklaart u dan dat uw ex-man beweert dat de mishandelingen juist van uw kant kwamen en het nieuwe diagnostisch onderzoek een compleet ander beeld van Julian schept?"

Natas zuchtte diep en speelde de rol van de getroffen moeder met finesse. "Mijn ex-man is verbitterd over onze scheiding en is vastbesloten mij in een kwaad daglicht te stellen waarbij hij op zeker het diagnostisch onderzoek heeft laten vervalsen; net zoals hij gedaan heeft met het aantonen van zijn gezag wat hij beweerd te hebben. Hij begrijpt gewoon niet de complexiteit van Julians toestand en wil gewoon wraak nemen."

Aan de andere kant van de zaal keken Julian en Brian elkaar kort aan. De pijn en de machteloosheid van de afgelopen jaren weerspiegelden zich in hun ogen, maar ook een stille vastberadenheid om de waarheid eindelijk aan het licht te brengen.

Het was nu aan advocaat van Buuren om het laatste woord te nemen na de aantijgingen van Natas.

Zijn stem was vastberaden. "Uw Edelachtbare, de moeder van Julian heeft een beeld geschetst dat ver van de waarheid ligt. Ten eerste en met volste eerlijkheid kan ik zeggen dat geen van de door mijn cliënt aangeleverde documenten vervalst zijn".

"Dit kan ik over het aangeleverde document van Natas betreft het één-oudergezag niet zeggen".

"Mijn cliënt heeft wel degelijk gezag over Julian en, zoals u in de stukken kunt zien, officieel aangetoond. Mevrouw daarentegen heeft jarenlang het systeem weten te misleiden tot grote schade voor Julian".

"Dat Julian zich heeft proberen te verdedigen, wat mevrouw aanmerkte als dat hij haar mishandelde, was een reactie op de constante emotionele en fysieke mishandelingen van zijn moeder, die zoals u kunt lezen zijn bewezen in zijn diagnostisch onderzoek".

"Hij heeft zorg nodig, dat klopt, maar de zorg in een instelling, waar hij zo blijkt uit de laatste diagnoses niet thuis hoort, is allesbehalve wat hij nodig heeft".

"Ik pleit dan ook dat Julian niet teruggaat naar wat hij als zijn persoonlijke hel beschouwt, maar verder opgroeit in de veilig omgeving van mijn cliënt en zijn gezin. Daar waar hij zich verder kan ontwikkelen; waar hij de liefde en geborgenheid kan vinden die hij al die jaren gemist heeft".

De rechter keek peinzend tussen de twee partijen, zijn wenkbrauwen gefronst. Het was duidelijk dat dit een complexe zaak was, waarin de waarheid zwaar verdoezeld was onder een dikke laag van manipulatie en leugens.

Het had al te lang geduurd. Jaren van manipulaties, leugens, en psychologische spelletjes hadden hun tol geëist op Brian en Julian. Ze hadden alles moeten doorstaan, van valse beschuldigingen tot vervalste documenten, in een eindeloos wrede poging van Natas om hun leven te ondermijnen.

Brian had alles gedaan wat in zijn macht lag om zijn zoon te beschermen en te vechten voor hun gezamenlijke toekomst. Nu zou die strijd eindelijk zijn einde vinden, in een rechtszaal waar de toekomst van Julian en Brian in handen lag van één man: de rechter.

73

De rechter schoof zijn bril omlaag en keek over de rand naar Natas, wiens gezicht een mengeling van zelfvoldaanheid en angst vertoonde. Hij had genoeg gehoord en gelezen. De stapels documenten en de emotionele getuigenissen waren meer dan voldoende bewijs geweest om een duidelijk beeld te schetsen; Natas was niet van plan te stoppen met haar destructieve spelletjes.

Julian, die naast zijn vader zat, straalde een vastberadenheid uit die niet paste bij zijn jonge leeftijd. De onschuld van zijn jeugd was hem ontnomen, niet door eigen toedoen, maar door de manipulaties van zijn moeder.

De rechter zuchtte diep, wetende dat geen enkele uitspraak de verloren tijd en de emotionele schade volledig kon herstellen. Toch moest hij een beslissing nemen die recht zou doen aan de situatie.

"Na zorgvuldige overweging," begon hij, terwijl hij zijn blik van Natas naar Brian en Julian verplaatste, "legt dit hof met onmiddellijke ingang een verbod op aan Natas om nog enige vorm van contact op te nemen met haar zoon, Julian".

"Ik denk dat u namelijk niet weet wat uw zoon echt nodig heeft", gaf de rechter Natas te kennen.

"Julian mag, als hij daar 'ooit' behoefte aan heeft, uiteraard zelf wel contact met u opnemen. Dit besluit heb ik genomen in het belang van Julians welzijn en toekomst."

Natas opende haar mond om te protesteren, maar de rechter hief zijn hand op. "Mevrouw, ik waarschuw u. Indien u dit verbod overtreedt, zal ik geen andere keuze hebben dan een aanklacht tegen u in te laten dienen. De bewijzen die hier voor mij liggen zijn meer dan voldoende om u voor een aanzienlijke tijd achter de tralies te krijgen!."

Hij richtte zich weer tot Brian en Julian. "Julian, het spijt me dat je zoveel hebt moeten doorstaan. Vanaf vandaag zal je je leven kunnen gaan oppakken zonder de constante dreiging van manipulaties en leugens in een, naar mijn inziens, veilige situatie en omgeving. Ik beveel hierbij ook dat Julian per direct uit de instelling wordt gehaald en bij zijn vader en diens gezin geplaatst wordt."

"De RvdK beveel ik hun dossier te sluiten, daar Julian bijna de respectievelijke leeftijd van 18 jaar behaald en ik jullie begeleiding niet meer nodig acht".

In zijn slotwoord richtte de rechter zich tot Brian. Hier stond een man die, ondanks zijn eigen kwetsuren en de overweldigende tegenstand, niet had opgegeven.

Al heeft dat zijn eigen gezondheid gekost; Brian had gestreden voor de waarheid, niet alleen voor zichzelf, maar vooral voor zijn zoon.

De rechter erkende de moed en het doorzettingsvermogen van een vader die alles op het spel had gezet om de waarheid aan het licht te brengen. Zijn waardering was niet alleen voelbaar, maar ook zichtbaar in de gelaatsuitdrukking van de rechter.

Een zucht van opluchting ging door de rechtszaal. Brian sloeg een arm om zijn zoon heen, die een traan over zijn wang voelde rollen. Het was geen traan van verdriet, maar van opluchting. Voor het eerst in jaren was daar het eind van een oneerlijke strijd.

Brian en Julian liepen samen met van Buuren naar buiten, de frisse lucht voelde als een symbool van hun nieuwe vrijheid. De dagen van angst en onzekerheid lagen achter hen en er werd een nieuw hoofdstuk aangebroken. Een hoofdstuk van hoop, heling en wederopbouw.

Na van Buuren uitgebreid bedankt te hebben, namen Brian en Julian afscheid van de advocaat die een grote steunpilaar voor hun was geweest in deze roerige tijd. "Nu snap ik wat jullie bedoelde met de verhalen over Natas", merkte van Buuren op. "Die vrouw is echt onmogelijk" en met die woorden en een laatste groet liepen de mannen naar hun auto's.

Brian keek naar zijn zoon en legde zijn hand op zijn schouder. "We hebben het gehaald, Julian," zei hij zachtjes. "De waarheid heeft altijd zijn weg naar buiten gevonden, hoe onmogelijk het soms ook leek."

Julian knikte, zijn ogen vol tranen, maar ook vol dankbaarheid. "Dank je, pap," fluisterde hij. Het was een simpel moment, maar een die hun band sterker maakte dan ooit tevoren.

"Tijd om het thuisfront dit heugelijke nieuws te vertellen vriend", zei Brian tegen Julian.

Brian pakte zijn telefoon; belde Danique en toen ze opnam gaf hij de telefoon aan Julian.

"Hoi Danique", zei Julian. "We hebben gewonnen; Ik mag eindelijk bij jullie wonen en hoef nooit meer contact te hebben met mijn moeder!".

Aan de andere kant van de lijn klonk een zucht van emotie, opluchting en euforie. "Dat is echt fantastisch nieuws Julian; Ik ben zo super blij!", zei Danique met tranen in haar ogen. "Kom maar snel naar huis; dan kunnen we het vieren!".

Tijdens de autorit naar huis waren Brian en Julian redelijk stil; helemaal beduusd en vol ontlading van deze euforische dag. Ze spraken met tussenpozen over de gebeurtenissen tijdens de zitting en pinkte soms een traantje weg terwijl ze lachten naar elkaar.

"We moeten volgende week nog 1x naar Groningen om al je spullen op de groep te halen en daarna kom je daar nooit meer", zei Brian tegen Julian.

"Zeker pa, nog 1x en dan echt nooit meer daarheen", antwoordde Julian met een grote grijns op zijn gezicht.

Thuis aangekomen parkeerde Brian de auto en zei tegen Julian "zo, we zijn 'thuis'!". Julian nam een diepe zucht van ontspanning en stapte de auto uit.

Brian en Julian werden bij binnenkomst direct geknuffeld door Danique, Aimee en Amber. De tranen van geluk gutste bij een ieder uit de ogen.

"Welkom thuis, broer", zeiden de meiden in koor. Julian barstte in tranen uit bij deze woorden en knuffelde zijn zussen nog harder. "Ik ben blij dat ik thuis ben, zussen", zei Julian en ze lachten alle drie hartelijk.

Maar bij het binnenstappen van de woonkamer kwam de ontlading helemaal tot een toppunt.

Danique had na het telefoontje met het heugelijke nieuws, dat ze van Julian kreeg, heel de familie ingelicht en uitgenodigd om Julian te verwelkomen.

Echt heel de familie was aanwezig en overal hingen slingers en ballonnen. Julian voelde zich zo ontzettend gelukkig terwijl iedereen hem knuffelde, kuste en welkom heette.

Na heel veel kletsen, chips, taart en nog van alles meer te hebben gegeten en gedronken vroeg Julian om stilte in de woonkamer. Hij wilde iets zeggen.

Julian; de jongen die niet sprak over zijn ellende en continue in overlevingsstand stond, wilde nu iets uitspreken.

Het duurde dan ook niet lang voor iedereen stil was en met volle aandacht naar Julian keek en benieuwd was wat hij te vertellen had. "Pa, ik weet hoe moeilijk je strijd was om mij thuis te krijgen en hoelang dat geduurd heeft, maar ik wil je uit de grond van mijn hart bedanken dat je nooit hebt opgegeven. Ook niet toen je gezondheid je in de steek ging laten en we allemaal bang waren om je kwijt te raken". "Ik hou van je en wil je echt nooit meer kwijt". Zei Julian met tranen in zijn ogen.

"Danique; ik wil jou ook heel erg bedanken dat je in me hebt geloofd en dat je papa hebt bijgestaan in deze moeilijke strijd; Ik heb in die jaren heel veel liefde van je mogen ontvangen en ben ook heel veel van jou gaan houden".

"Lieve Danique, mag ik vragen of ik je 'mama' mag noemen?" vroeg Julian.

Overdonderd door de lieve woorden van Julian begon Danique te huilen, pakte Julian stevig vast en zei de magische woorden: "Ja, Julian; Je mag mij zeker mama noemen! Voor mij voel je al die jaren al als een zoon, dus ik wil zeker jouw moeder zijn."

Brian, Aimee en Amber klampten zich ook vast aan hen en zo voelde ze zich allen eindelijk een compleet gezin.

NAWOORD

Julians verhaal is een krachtige herinnering aan hoe verwoestend manipulatie en leugens kunnen zijn; vooral wanneer ze afkomstig zijn van iemand die zo dicht bij je staat als je eigen moeder.

Het is een waarschuwing voor ons allemaal om waakzaam te blijven en niet blindelings te vertrouwen; zelfs niet op degenen die we het meest liefhebben.

Dit waargebeurde verhaal herinnert ons eraan hoe belangrijk het is om vragen te stellen; om ons onderbuikgevoel niet te negeren en om altijd te streven naar de waarheid.

Julians tragische reis naar een instelling voor verstandelijk gehandicapten had voorkomen kunnen worden als iemand had ingegrepen; als iemand de moed had gehad om verder te kijken dan de façade die zijn moeder had opgebouwd.

Als instanties niet alleen kijken naar het geld, maar naar het welzijn van een kind door onderzoeken naar waarheid uit te voeren; door te vragen naar een ouderschapsplan en wie er gezag heeft.

Het is een verhaal van verlies, maar ook een verhaal dat hoop biedt. Bewustwording en waakzaamheid kunnen ons helpen om te voorkomen dat zoiets nog eens gebeurt.

Dankzij de vastberadenheid van de advocaat en de onvoorwaardelijke liefde van Brian en Danique kon Julian uiteindelijk bevrijd worden van de schaduwen van onrecht en de waarheid omarmen die hij zo hard verdiende.

Kinderen zijn onze toekomst; laten we die toekomst niet voor ze verknallen.

www.ingramcontent.com/pod-product-compliance
Lightning Source LLC
Chambersburg PA
CBHW060915140726
47996CB00001B/258